A BIBLIOTECA DO GERENTE-MINUTO

O GERENTE-MINUTO
O GERENTE-MINUTO EM AÇÃO
O GERENTE-MINUTO DESENVOLVE EQUIPES DE ALTO DESEMPENHO
LIDERANÇA E O GERENTE-MINUTO
A MÃE-MINUTO
O PAI-MINUTO
O PROFESSOR-MINUTO
UM MINUTO PARA MIM
O VENDEDOR-MINUTO

Dr. Spencer Johnson e
Larry Wilson

O Vendedor Minuto

Tradução de
RUY JUNGMANN

26ª EDIÇÃO

2025

CIP-Brasil. Catalogação-na-fonte
Sindicato Nacional dos Editores de Livros, RJ.

J65p
26ª ed.
Johnson, Spencer
 O vendedor minuto / Spencer Johnson e Larry Wilson; tradução de Ruy Jungmann. – 26ª ed. – Rio de Janeiro: Record, 2025.

Tradução de: The one minute sales person.
ISBN: 978-85-01-02719-1

1. Felicidade. I. Wilson, Larry. II. Título.

92-1195

CDD: 158.1
CDU: 17.023.36

Título original norte-americano
THE ONE MINUTE SALES PERSON

Copyright © 1985 by Candle Communications Corporation.

Dedicado à memória de TOM UTNE, que contribuiu para fazer do mundo um lugar melhor

Direitos exclusivos de publicação em língua portuguesa para o Brasil adquiridos pela
EDITORA RECORD LTDA.
que se reserva a propriedade literária desta tradução.

Impresso no Brasil pelo
Sistema Digital Instant Duplex da Divisão Gráfica da
DISTRIBUIDORA RECORD DE SERVIÇOS DE IMPRENSA S. A.
Rua Argentina, 171 - Rio de Janeiro, RJ - 20921-380 - Tel.: (21) 2585-2000

ISBN 978-85-01-02719-1

Seja um leitor preferencial Record.
Cadastre-se no site www.record.com.br
e receba informações sobre nossos
lançamentos e nossas promoções.

EDITORA AFILIADA

Atendimento e venda direta ao leitor:
sac@record.com.br

 *O Símbolo*

O símbolo do Vendedor-Minuto — a indicação de um minuto no mostrador de um moderno relógio digital — destina-se a lembrar a todos nós que devemos reservar um minuto para olhar cada cliente como PESSOA. E compreender que *ele* é o nosso recurso mais importante.

 *Sumário*

Introdução 9
PARTE I: TODA PESSOA É UM VENDEDOR
  1. A Busca 11
  2. O Vendedor-Minuto 16
  3. Vender de Propósito 23
PARTE II: VENDENDO AOS OUTROS
  4. Os Minutos-Chave Antes da Venda 32
    Um Resumo 48
  5. Os Minutos-Chave Durante a Venda 50
    Um Resumo 62
  6. Os Minutos-Chave Após a Venda 64
    Um Resumo 69
PARTE III: VENDENDO PARA MIM MESMO
  7. A Venda Autodirigida 71
  8. Meus Objetivos-Minuto de Venda 77
    Um Resumo 87
  9. Meus Elogios-Minuto 89
    Um Resumo 95
  10. Minhas Repreensões-Minuto 97
    Um Resumo 102
PARTE IV: POR QUE FUNCIONA
  11. O Vendedor-Minuto Explica 105
PARTE V: O DESFECHO
  12. O Novo Vendedor-Minuto 113
    O "Plano de Jogo" do Vendedor-Minuto 114
  13. Um Presente Para Mim 116
  14. Um Presente Para os Outros 118
  Agradecimentos 120
  Sobre os Autores 122

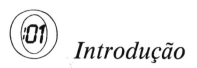

Introdução

O Vendedor-Minuto apresenta-lhe uma "nova escola" de atitudes e recursos de vendas que você pode usar com o maior sucesso em suas atividades diárias como vendedor.

Baseia-se na experiência, nos conceitos e conselhos — apresentados de forma concisa — de alguns dos vendedores mais bem-sucedidos da nação, bem como de vice-presidentes de *marketing* e vendas de mais de cem grandes empresas em praticamente todos os ramos de atividade.

Este livro inclui também os conhecimentos obtidos pela The Wilson Learning Corporation, de Minneapolis, uma companhia que, nos últimos vinte anos, treinou mais de 500.000 vendedores e, nos últimos dez, compilou dados sobre como os clientes gostam de comprar. Essa "opinião do cliente" atualizada constitui o núcleo da perspectiva deste livro.

O Vendedor-Minuto repete o sucesso do *bestseller* internacional *O Gerente-Minuto*.* Recomendamos que você leia também esse livro para tirar o maior benefício possível da segunda parte deste volume, "Vendendo Para Mim Mesmo": um método completo de auto-aprendizagem para vendedores.

Temos esperança de que você venha a usar o que vai aprender em *O Vendedor-Minuto*, além do que já sabe sobre vendas, e que você, também, possa vender mais com menos *stress*.

SPENCER JOHNSON, M.D.
LARRY WILSON

---
*Publicado no Brasil pela Record. *(N. do T.)*

Era uma vez um vendedor muito bem-sucedido na vida.
Ele se sentia mais do que bem-sucedido. Sentia-se próspero!
Desfrutava de paz de espírito, independência financeira, segurança, boa saúde, e uma agradável vida social. Despertava o respeito e a admiração de todos os que o conheciam.
Eram muitas as pessoas que só queriam comprar com ele. E ainda mais pessoas queriam-no como amigo.
Ele, contudo, nem sempre fora tão bem-sucedido assim.
Lembrava-se muito bem dos anos em que se esforçara mais, e não conseguira mais do que a maioria das pessoas.
Nesse momento, estava feliz de saber o que sabia. E, mais importante, de pôr *em prática* tudo o que sabia.
Sorriu, lembrando-se com que facilidade aprendera, finalmente, a prosperar na vida.

Dera-se conta cedo de que quase todas as pessoas bem-sucedidas são, na realidade, vendedores eficazes, tenham ou não consciência disso.

— Homens de negócios bem-sucedidos — observava ele — vendem aos demais o valor dos serviços que prestam. Pais bem-sucedidos vendem aos filhos a idéia de levar uma vida feliz e produtiva. Líderes bem-sucedidos vendem sua capacidade de induzir as pessoas a fazer o que eles querem. Até mesmo cientistas bem-sucedidos vendem suas idéias àqueles que fornecem os fundos de pesquisa, que lhes permitem realizar seu trabalho.

Lembrou-se de que, quando ainda estava na faculdade, pensara: "Talvez, se eu aprender a vender bem, possa fazer bem tudo o que vier a empreender."

Assim, ainda na escola, tentou ver como se saía em diferentes atividades de venda.

Nas poucas vezes em que teve sucesso, sentiu-se alegre e estimulado. Pensou: "É como se eles estivessem comprando minha pessoa!" Quando tentava vender e fracassava, porém, sentia-se rejeitado. Dizia a si mesmo: "Eu simplesmente não nasci para vender."

Só depois de formado em *marketing* é que compreendeu o quão pouco aprendera sobre vendas.

Marketing, compreendeu, consistia em realizar pesquisas a fim de se descobrir o que as pessoas queriam, criar os produtos e serviços que elas desejavam, oferecê-los a preços competitivos e, em seguida, facilitar a compra.

Mas, às vezes, parecia que *marketing* e vendas se chocavam.

No seu primeiro grande trabalho de vendas para uma grande firma aprendeu a importância do conhecimento do produto e como "adequá-lo ao cliente" — como marcar encontros, responder a objeções, e fechar a venda.

Quanto mais mergulhava nas vendas, mais tinha a impressão de que a presunção subjacente era de que o cliente não queria comprar o produto.

Era como se o trabalho do vendedor fosse o de ser esperto e inflexível o suficiente para obrigar pessoas a fazer o que na verdade não queriam — comprar. E, ao que parecia, os melhores vendedores arranjavam uma maneira de conseguir isso.

Isto não fazia sentido para ele.

Durante algum tempo, gostou do desafio. Quanto mais difícil, mais exigia de sua autodisciplina e persistência. Obrigava-se, por exemplo, a sair e fazer todos os dias uma visita a mais do que realmente queria.

Resultado: Fazia mais de duzentas visitas de venda todos os anos. E dera certo. Vendera mais do que a maioria. E ganhara mais dinheiro.

Resolveu, em vista disso, acrescentar todos os anos mais cem visitas à sua agenda. Ocorreu, porém, uma coisa estranha. As vendas não aumentaram muito. E não estava se divertindo. Esforçou-se cada vez mais. E, então, começou a sentir o *stress*.

E era um *stress* que tinha muitas origens. Era obrigado a fechar certo número de vendas todos os anos — sua quota. E era fácil avaliar seu desempenho. Às vezes, desejava ter um emprego como o das outras pessoas, em que não fosse tão fácil saber se estava indo bem ou mal.

Muitas vezes, não era bem tratado pelas pessoas a quem visitava. Muitas faziam como se ele tentasse ludibriá-las.

Achava que havia coisas demais a fazer, e tempo de menos. Não raro, julgava-se despreparado.

Embora fossem grandes as expectativas de aumentar sua renda, às vezes duvidava que isso fosse possível.

Ironicamente, sabia que se seu gerente de vendas não o pressionasse, ele mesmo se pressionaria.

Algum tempo depois, a venda iria se tornar atividade mais agradável, mas ele ainda não sabia disso.

Como outros vendedores, sentia com freqüência o medo silencioso da rejeição. Inevitavelmente, algumas pessoas não comprariam. E não esperava com prazer essas ocasiões.

Agravando ainda mais as coisas, por mais que quisesse negar o fato, notava que a venda tornava-se cada vez mais complicada neste mutável mundo de hoje. Repetia as mesmas palavras que haviam resultado em vendas durante anos. Por que não estavam funcionando mais?

Lembrou-se então de uma história incomum.

De tempos em tempos, ouvia alguém mencionar um vendedor lendário — um homem que vendia mais do que todos, mas que aparentemente dispunha de mais tempo do que a maioria para desfrutar de seu extraordinário sucesso.

Dizia-se que o nome dele era Vendedor-Minuto — embora não se soubesse por quê.

Achou que devia haver uma maneira melhor — uma maneira de restabelecer o senso de divertimento e sucesso nas vendas que ocasionalmente experimentava.

Resolveu, então, reunir coragem e descobrir por si mesmo o que havia. Resolveu perguntar.

A voz que ouviu do outro lado do telefone pegou-o de surpresa. Descobriu que o rico e respeitado "vendedor" era o presidente do Conselho Administrativo de uma grande empresa.

— Será um prazer conhecê-lo — disse o alto executivo —, e pelo tom de sua voz acho que sei exatamente de que assunto o senhor quer tratar.

O vendedor sentiu-se um pouco desconcertado.

— Pareço assim tão desesperado?

— Não — respondeu o executivo. — Mas parece um homem que adotou o enfoque tradicional de vendas até o seu limite máximo.

— Então, não sou o primeiro, acho?

— Exatamente. E, como outros antes, o senhor parece pessoa aberta e disposta a aprender. Foi por isso que resolvi recebê-lo. Apareça por aqui amanhã, a qualquer hora. — E com essas palavras o alto executivo desligou.

O vendedor começou a contar as horas para o encontro do dia seguinte.

Logo depois de entrar no elegante gabinete, o vendedor manifestou sua surpresa em conhecer um alto executivo com formação tão extensa em vendas.

Seu anfitrião observou que, na verdade, muitos dos mil Maiores Executivos, a lista publicada pela revista *Fortune*, são originários dos departamentos de *marketing* e vendas. Explicou que, durante muitos anos, vendera produtos e serviços. Neste momento, participava da diretoria de muitas outras companhias porque sabia, também, como vender idéias importantes.

Olhando em volta do gabinete, o visitante notou uma pequena placa num dos abajures. Dizia: *Produção menos venda é igual a sucata.*

— Até mesmo idéias valiosas podem acabar num monte de sucata simplesmente porque não foram vendidas — observou o executivo, e continuou: — Por exemplo, faço parte atualmente de um grupo de líderes da comunidade que está interessado em manter nossa nação forte e, ao mesmo tempo, evitar a destruição por uma guerra total. Por melhores que sejam algumas das idéias para solucionar esse problema, de que adiantarão se os dois lados resolverem não comprar as respostas?

— Não muito. Vejo que o senhor continua a ser um vendedor.

— Acho que *todas* as pessoas bem-sucedidas o são, no bom sentido da palavra — respondeu o próspero executivo.

Lentamente, o visitante começou a desfiar seu problema:

— Eu pensava que sabia tudo a respeito de vendas, mas agora não tenho tanta certeza. Parece que estou fazendo tudo certo... mas...

— O senhor quer dizer — interrompeu-o o executivo — que leu todos os livros, comparece a reuniões de motivação sempre que pode e que trabalha numerosas noites e fins de semana?

— Como é que o senhor sabe disso?

— E agora chegou ao ponto de retornos decrescentes, trabalhando mais horas, enquanto o número de vendas permanece estacionário...

— Exatamente... e estou gostando menos de meu trabalho.

— Bem, não quero enfatizar isto — disse o homem mais velho —, mas talvez lhe interesse saber que, nos meus anos de recordes de vendas, minha semana era de 24 horas de trabalho.

— Ora! — espantou-se o visitante. — Mas isso é justamente o que preciso ouvir. Soube que o senhor é muito competente. Dizem que é chamado de O Vendedor-Minuto. Por quê?

O executivo respondeu secamente:

— Sou chamado assim apenas por pessoas que não compreendem meu sucesso.

O visitante perguntou a si mesmo o que dissera de errado.

O alto executivo sorriu. Escreveu algo num pedaço de papel e passou-o ao visitante. Dizia: *O $er Humano-Minuto que Vende.*

— Por que $er Humano-Minuto que Vende, em vez de Vendedor?

— Há muito tempo, tive um grande gerente — respondeu o alto executivo —, um homem a quem chamávamos O Gerente-Minuto porque conseguia enormes resultados em muito pouco tempo: apenas alguns minutos-chave. Ele me ensinou um princípio simples e me encorajou a adaptá-lo à minha maneira e aplicá-lo a vendas. Ora, pensar em mim mesmo como $er Humano-Minuto que Vende ajuda-me a lembrar o mais importante dos segredos da venda. E que é simplesmente o seguinte:

*

*Por trás de cada venda

há um SER HUMANO.*

*

— A outra pessoa, a que tantas pessoas chamam de freguês ou cliente, é na realidade uma *pessoa*. Se a trata como uma *mercadoria*, ou como qualquer outra coisa que não uma pessoa, você se reduz à condição de *biscateiro*, ou *mascate*.

— Neste caso, por que escreveu $er Humano que Vende com um cifrão?

— Faço isso porque, para ser franco, lembra-me uma de minhas metas pessoais: ganhar dinheiro.

O visitante gostou da resposta, mas não entendeu bem como ela se encaixava. O alto executivo explicou:

— Parte de seu problema é que o senhor pensa que aqui há uma contradição. O fato é que, se estou invariavelmente ganhando dinheiro, isso é quase sempre sinal seguro de que estou adicionando valor a outra pessoa: ao comprador.

— Isso não faz certamente parte de meu pensamento quando estou lá fora dando um duro danado para ganhar um dinheirinho! — exclamou o visitante.

— Talvez seja por isso que o senhor trabalha tanto.

As palavras do alto executivo eram penetrantes, mas pareciam tão simples que não conseguiram calar fundo no ouvinte.

— Fale-me a respeito da parte de Um Minuto — pediu o visitante.

— Em todas as vendas há vários minutos-chave. Quando digo que por trás de cada venda há um ser humano, entendo realmente a questão sob um prisma duplo: uma pessoa é o comprador; a outra, o vendedor. Os minutos-chave na Venda-Minuto são os que se aplicam a ambos, ao comprador e ao vendedor.

— De modo que há duas partes na Venda-Minuto: vender para os outros e vender para mim mesmo.

— O senhor conhece a regra do oitenta/vinte? — perguntou o homem mais velho.

— Claro. — O visitante sentiu-se em terreno mais seguro. — Oitenta por cento de nossos resultados são produzidos por uns 20% do que fazemos. E 80% de nossas vendas são feitas a 20% de nossos clientes...

— E 20% das pessoas na maioria dos quadros de vendedores fazem quase 80% das vendas totais.

— Isso mesmo — suspirou o visitante. — Ao que parece, ando sempre tentando entrar ou permanecer nesses 20% superiores. Mas o que é que isso tem a ver com a Venda-Minuto?

— Há muito tempo, resolvi descobrir e compreender o que os 20% melhores fazem de modo tão diferente. Enquanto estudava o que constituía essa diferença, tornou-se claro que era apenas uma questão de investir alguns minutos para fazer as poucas coisas que separam os melhores dos medíocres.

Após uma pequena pausa, o alto executivo continuou:

— Depois que entendi perfeitamente o que eram essas diferenças, e quando ocorrem esses minutos, minhas vendas melhoraram espetacularmente.

O alto executivo pensou um pouco e prosseguiu:

— Não me julgue indelicado, mas quero lhe fazer uma pergunta bem direta. O senhor sabe quais são os minutos-chave em seu estilo de venda? Ou desperdiça tempo e energia fazendo coisas desnecessárias? Se procede assim, o senhor é um vendedor "inconsciente".

— Inconsciente? — o visitante encrespou-se todo.

O homem mais velho apressou-se em apaziguá-lo:

— Não sei de tudo a respeito de vendas. Duvido que alguém saiba. Mas, de fato, sei o que são para mim os minutos-chave. E o senhor merece saber quais são os seus. Quando souber, venderá com mais rapidez.

O visitante percebeu que o Vendedor-Minuto tinha um caráter forte, mas sentiu também que ele estava *interessado* em seu problema. Suas reservas começaram a desaparecer.

— Alguns dos minutos-chave são, na verdade, muito simples — continuou o alto executivo —, mas aprendê-los agora não teria muita utilidade. Isto é, não até que o senhor compreenda bem por que escrevi $ER HUMANO QUE VENDE, e por que usei um cifrão.

— Ganhar dinheiro é importante. É um de meus *objetivos*. Mas não é minha *finalidade* na vida, nem mesmo em vendas.

— Ganhar dinheiro não é sua finalidade na venda? Isso é difícil de entender. Por que outro motivo o senhor venderia alguma coisa? Tenho a impressão de que quando o senhor puder responder a essa pergunta, toda a sua carreira virará pelo avesso. É a lição do "Paradoxo Maravilhoso". — O bem-sucedido vendedor continuou: — Eu considerava o mundo uma selva implacável, na qual não ia me sair muito bem. Isto é, até que descobri como o paradoxo era prático, sobretudo quando comecei finalmente a usá-lo, em vendas e em minha vida particular. Ainda fico espantado com seu poder!

— Que paradoxo maravilhoso é esse? — quis saber o visitante.

*

O 'Paradoxo Maravilhoso'

Divirto-me mais e tenho mais sucesso financeiro quando deixo de tentar

conseguir o que <u>eu</u> quero

e começo a ajudar as pessoas a conseguir o que <u>elas</u> querem.

*

O visitante não entendeu bem e disse:
— Gosto disso. Mas a finalidade da companhia é que eu obtenha lucro!
O Vendedor-Minuto sorriu.
— O senhor diria: "Cavalheiro, o senhor talvez queira saber qual a finalidade de minha profissão. É dar um pequeno lucro à minha companhia?"
— Não, acho que isso não seria muito correto.
— Não, claro que não. O que pensaria o senhor de uma pessoa que se sentasse em frente a um fogão frio e dissesse: "Logo que me der um pouco de calor, eu lhe darei um pouco de lenha"?
— Eu diria que ela não compreende bem a maneira como as coisas funcionam no mundo real.
— O senhor tem toda razão — concordou o Vendedor-Minuto. — E as melhores companhias também compreendem isso. Sabem que, em primeiro lugar, devem cumprir seus propósitos, e então depois ganharão dinheiro. E os melhores vendedores fazem a mesma coisa. Fazem tudo que é primordial primeiro.
O visitante fez um esforço para compreender.
— O que é que o senhor *faz* para ajudar os outros a conseguir o que *eles* querem?

— O que *eu* faço não é tão importante como o que o senhor resolverá fazer quando estiver vendendo. O que o senhor faz para ter sucesso numa venda será provavelmente um pouco diferente do que eu e outros fazemos. O senhor desenvolverá seu próprio e excepcional estilo para ser bem-sucedido. Descobrirá com a maior facilidade o que fará quando compreender e resolver a começar a "Vender de Propósito".

O visitante sentiu-se pronto para uma mudança. Queria descobrir uma maneira melhor de trabalhar.

— O que significa — perguntou — "Vender de Propósito"?

— O PROPÓSITO na venda pode ser considerados em dois níveis — explicou o Vendedor-Minuto. — Em primeiro lugar, Vender de Propósito significa que estou em geral *consciente* do que faço. Não repito inconscientemente uma rotina decorada de vendas. Em todas as visitas de venda, faço o que faço conscientemente de propósito. O segundo nível, mais profundo, da Venda de Propósito, contudo, é onde se encontra o verdadeiro poder. O senhor já sabe a diferença entre uma meta (ganhar dinheiro, por exemplo) e um propósito?

— Não tenho certeza. Eu diria que a meta é um ponto que a gente atinge. Tem um começo e um fim... enquanto um propósito é mais permanente e dá sentido à nossa vida. Acho que quando pessoas têm um propósito na vida, elas apreciam mais tudo o que fazem!

— Excelente começo! Agora, diga-me, já teve alguma meta que quis alcançar, alcançou-a, e depois descobriu que isso não o fez feliz?

— Já, mas pensei que era errado me sentir dessa maneira.

— Esse sentimento é compartilhado por muitos. É por isso que as pessoas continuam a perseguir metas, a fim de provar algo que não tem que ser provado: que elas já têm valor. Claro, metas são muito importantes para nos ajudar a conseguir o que queremos. Mas, com uma freqüência grande demais, corremos como baratas tontas, usando-as para conseguir o que já temos: valor próprio.

O visitante inquietou-se.

— Como é que eu posso saber a diferença entre minhas metas e meu propósito?

— O senhor já fez um Teste de Lápide Funerária?

— Não. Se não, eu me lembraria.

— Bem, ele pode ajudá-lo a descobrir seu propósito. Pergunte a si mesmo: "O que é que eu gostaria que fosse escrito em minha lápide funerária?" Isto é: "Qual foi meu propósito na vida?" Se o que o senhor está fazendo para ganhar o sustento não complementa seu propósito na vida, vai sentir-se infeliz e achará mais difícil ter sucesso. Quer que em sua lápide se leia: *"Ele ganhou um concurso de vendas"* ou *"Ele vendeu um bocado de produtos"*? Ou prefere que nela esteja escrito: *"Ele ajudou numerosas pessoas a conseguir o que elas queriam. E assim ele conseguiu o que queria"*?

O visitante ficou pensativo.

— Nunca pensei na questão dessa maneira — disse, e reconheceu em seguida: — Mas não tenho muita certeza de saber o que as pessoas realmente querem.

— O que é que *o senhor* quer? — perguntou o homem mais velho. — Quando responder a essa pergunta, provavelmente saberá o que as outras pessoas querem.

— Acho que quero me sentir bem... em relação ao que estou fazendo... e especialmente satisfeito comigo mesmo.

— Exatamente! — exclamou o Vendedor-Minuto. — Agora, o senhor está-se aproximando bastante do poder fundamental da Venda-Minuto — do propósito!

— Ajudar as pessoas a conseguir aquilo que nós mesmos queremos conseguir.

— Vou-lhe mostrar uma coisa que escrevi — disse o Vendedor-Minuto. — Guardo na carteira e leio-a com freqüência. É meu propósito em vendas. Esteja vendendo um serviço, um produto, ou uma idéia a uma pessoa, sempre me saio melhor quando me lembro de *Vender de Propósito*. — O cartão dizia:

*

MEU PROPÓSITO DE VENDAS

*é ajudar as pessoas
a <u>sentirem-se</u> bem
em relação ao que compraram
e em relação a si mesmas.*

*

O visitante inclinou a cabeça e sorriu.
"Outras pessoas querem as mesmas coisas que eu", pensou. A resposta estivera dentro de si o tempo todo. E deixou-o espantado. "Nós simplesmente não necessitamos das outras pessoas. Nem precisamos ajudá-las. *Nós somos as outras pessoas!*"

— Para ser franco, não me ocorreu ter um propósito como esse. Eu simplesmente tinha uma porção de metas.

— A maneira mais rápida de atingir suas metas — disse o bem-sucedido vendedor — é permanecer fiel ao seu propósito. Já lhe ocorreu que o senhor está adicionando valor a seus clientes? O fato é que, com um produto ou serviço em que acredita, sua venda é *inerentemente* propositada. O senhor adiciona valor. Ajuda pessoas a solucionar problemas, a aproveitar oportunidades e, assim fazendo, a sentirem-se melhores consigo mesmas. O senhor pode ou não admitir esse fato.

— Qual é a diferença se a pessoa *não* o admite?

— O senhor está dizendo que não se *interessa*?

— Acho que me interesso. Para dizer a verdade, não tenho certeza.

— Com franqueza, provavelmente esse é o seu maior problema. O senhor pode ou ficar cego para o fato de que está contribuindo, e continuar a tentar enfiar as mãos nos bolsos dos clientes, não se sentindo absolutamente orgulhoso de si mesmo por isso, ou dar a si mesmo crédito pelo fato de que *está* servindo, ajudando, contribuindo, com uma diferença: adicionando valor.

— Acho que tudo se resume em interessar-se pelo cliente, não?

O Vendedor-Minuto — o homem que fizera mais vendas do que praticamente todos os concorrentes, e em menos tempo — conservou-se em silêncio. Deixou que o visitante ouvisse o eco de sua própria sabedoria.

Tudo se resume em interessar-se pelo cliente, não?

— Agora, o senhor entendeu. Eu mesmo não poderia ter-lhe dado a resposta porque o senhor poderia pensar que eu estava pregando um sermão. Mas o propósito se resume no interesse.

— Entendo o que o senhor quer dizer. O cliente sabe se a gente se interessa por ele ou não. Eu me interessava muito quando comecei, mas acho que caí na rotina. Não é de espantar que tão poucas pessoas comprem de mim.

— E não é de espantar que a venda tenha deixado de ser agradável para o senhor.

— Estou vendo que não estamos falando apenas de realização pessoal ou de satisfação. Estamos falando de clientes que confiam em mim, recomendam-me a outras pessoas e continuam querendo comprar de mim por muito tempo.

— Agora o senhor está começando a compreender meu *verdadeiro* segredo. Foi assim que realizei tantas vendas em tão pouco tempo. Meus clientes, satisfeitos, recomendavam aos amigos que comprassem comigo. Com freqüência, eles mesmos me telefonavam... e eu nem precisava sair para vender!

— Quando o senhor coloca a questão dessa maneira, Vender de Propósito não é uma questão de ser *bonzinho*, mas de ser *esperto*.

— Foi por isso que começamos com Propósito. Essa é a maior diferença isolada que separa os 20% superiores dos restantes 80%.

— Quero lhe fazer uma pergunta — disse o visitante. — Quando estiver lá fora, no mundo real, como é que me lembrarei para Vender de Propósito?

— Como todos os aspectos da Venda-Minuto, esse é fácil. Quando estou fazendo uma venda, simplesmente invisto um minuto para perguntar a mim mesmo: *Estou mais interessado em tentar conseguir o que eu quero? Ou estou realmente ajudando as outras pessoas a conseguir o que elas querem?*

— Assim — compreendeu o visitante —, quando notar que estou pensando em mim mesmo, volto imediatamente ao "propósito" e me concentro no outro cara. Isso *é* fácil.

— Mas lembre-se — acrescentou o alto executivo — que *slogans*, inscrições em lápides e lembretes são simplesmente isso: lembretes. Vender de Propósito é uma intenção, um estilo de vida, *a filosofia a partir da qual o senhor opera*, e não um *slogan*. Usando suas próprias palavras, significa *interessar-se*.

— Interessar-se é uma palavra muito forte para mim.

— Nesse caso, é exatamente isso o que o senhor precisa trazer de volta para sua vida de vendedor. Presenciei essa situação um sem-número de vezes. Quando vendedores estão conscientes de seu objetivo, do que realmente os estimula, e investem isso em tudo o que fazem, não só vendem mais facilmente seus produtos e serviços...

— Eles se divertem mais, também!

O visitante começou a sentir que se desfazia grande parte de sua frustração — a culpa, a luta, a necessidade de continuar a provar seu valor. Estava reconquistando algo mais valioso — uma parte de si mesmo que esquecera. Sentiu um orgulho antes desconhecido.

— O que é que lhe agrada mais — perguntou o Vendedor-Minuto —, esforçar-se para conseguir o que quer, atingir sua quota de vendas, por exemplo — o homem mais velho franziu as sobrancelhas —, ou simplesmente ajudar outras pessoas a conseguir o que elas realmente querem? — Sorriu.

Sabendo qual seria a resposta, o executivo continuou:

*

Reduzo logo meu stress
porque não tento mais obrigar as
pessoas a fazer o que não querem.

Quando vendo de Propósito,
sinto-me nadando
a favor da corrente.

*

— O senhor é como a maioria de nós. Sentirá menos *stress* e venderá mais quando ajudar as outras pessoas. Isso foi verdade no meu caso e será ainda mais no seu.

— Por que mais no meu? — perguntou o visitante.

— Porque o mercado de hoje depende mais do que nunca do vendedor. A cada dia os produtos estão se tornando mais parecidos. Como sabe, as pessoas freqüentam hoje as "feiras" de especialidades, grandes centros de exposições onde podem conhecer todos os produtos e serviços concorrentes. Vêem suas alternativas. Mas, na verdade, ficam mais confusas porque são muitas as opções. O que é que o senhor acha que é importante para as pessoas quando fazem compras entre tantos produtos semelhantes? Imagine-se como comprador.

— Bem, eu gostaria de confiar na pessoa e na companhia de quem compro e receber um bom serviço. Confiança e serviço, é o que eu compraria.

O Vendedor-Minuto inclinou a cabeça, concordando.

— E o mesmo farão milhões de outras pessoas. É por isso que o vendedor que Vende de Propósito vai sair-se muito bem. Porque dará às pessoas confiança e serviço.

Depois de uma pequena pausa, o alto executivo voltou a falar:

— Posso observar essa situação com freqüência em nossa companhia. Quando mudamos um vendedor numa área onde temos o mesmo produto ou serviço, os mesmos preços e a mesma concorrência, nossas vendas sobem ou descem de acordo com o prestígio do vendedor. Vender de Propósito é o melhor investimento que a pessoa pode fazer em vendas presentes e futuras.

O Vendedor-Minuto foi até a escrivaninha, pegou uma lista e disse:

— Isto pode interessá-lo. Todas as pessoas constantes desta lista, homens e mulheres, acham que obtiveram mais sucesso desde que aprenderam a ser Vendedores-Minuto. Tendo aprendido a Vender de Propósito, usam métodos de vendas, com os demais e consigo mesmos, que requerem apenas um minuto, mais ou menos. Eu lhes ensinei alguns dos métodos. Outros eles mesmos desenvolveram.

Consultou a lista e prosseguiu:

— Eles têm formação heterogênea e são oriundos de grupos étnicos diferentes. Alguns são jovens, outros mais velhos. Alguns são profissionais que vendem tipos muito diferentes de produtos ou serviços. Outros ainda são pessoas que não estão envolvidas em vendas no sentido usual, mas que, com sucesso, vendem suas idéias a outras pessoas e assim têm mais sucesso em seu trabalho.

Após uma pausa, continuou:

— Escolha uma meia dúzia de pessoas aqui na lista e converse com elas. Descobrirá logo que, em graus variáveis, esses princípios funcionam nos casos de quase todas as pessoas. Aliás, eles se baseiam em princípios universais sobre as maneiras como as pessoas pensam, sentem e agem. Acho que verificará que elas não só Vendem de Propósito, como também são muito competentes nos "rudimentos brilhantes", isto é, nas coisas que obviamente os ajudam a efetuar uma venda, mas que a maioria se esquece de fazer. Depois de conversar com quantas dessas pessoas bem-sucedidas quiser, sinta-se à vontade para voltar aqui. Terei prazer em explicar *por que* a Venda-Minuto funciona tão bem — para o comprador e o vendedor.

O Vendedor-Minuto levantou-se, apertou a mão do visitante e levou-o até a porta.

Consultando a lista, o visitante disse:

— Obrigado. Vou começar imediatamente.

SURPRESO ao descobrir-se no *campus* de uma universidade, o vendedor começou a perguntar-se se estaria mesmo no lugar certo.

A Dra. Elizabeth Simmonds, vice-presidente da Associação de Ex-Alunos, imediatamente pôs o visitante à vontade.

— Acho que o senhor está interessado em aprender o que muitos de nós aprendemos com o Vendedor-Minuto. Para ser franca, eu mesma só aprendi esses princípios há alguns anos. Até então, nunca me considerara capaz de vender coisa alguma.

Explicou que usava sua perícia em vendas a fim de obter sucesso em três áreas distintas da faculdade. Como administradora, ajudava outros professores a se sentirem orgulhosos de seus departamentos bem dirigidos. Como professora, ajudava os alunos a obter melhores conhecimentos e habilidade artística. E, nesse momento, como diretora de um grande grupo de levantamento de fundos, arrecadava todos os anos milhões de dólares, ajudando ex-alunos e outros colaboradores a sentirem-se donos de parte de uma universidade à qual queriam estar ligados.

O espantado vendedor estava ansioso para saber as respostas:

— A senhora pode me dizer o que realmente *faz* quando vende?

A doutora sentiu-se um pouco constrangida em falar sobre vendas com um vendedor. Mas, também, ela aprendera com o Vendedor-Minuto.

— Que tal eu começar — sugeriu ela — invertendo os papéis? O que é que o senhor geralmente faz *antes* de uma venda?

— Antes? Bem, procuro me informar sobre a companhia e a pessoa a quem vou visitar.

— Sei que isso é muito importante e útil — concordou a Dra. Simmonds —, mas em que é que pensa no minuto imediatamente anterior ao seu encontro face a face com essa pessoa?

— Bem, freqüentemente repasso eventuais objeções e coisas que possam sair erradas.

— Assim, quando pensa no caso — disse ela —, pinta um quadro mental do que acontecerá, antes que aconteça. O que me disse é que pensa no que pode sair errado. — Sorriu e disse: — Puxa, como isso me é familiar! Era o que eu costumava fazer imediatamente antes de uma reunião da congregação, ou de um pedido de contribuições em dinheiro. Pensava que estava sendo prática e tentando me preparar bem. Mas com isso só conseguia resultados decepcionantes. Agora, antes de começar a ajudar alguém a comprar alguma coisa, dedico um minuto (e basta só isso) para imaginar todo o encontro desenvolvendo-se suavemente, do começo ao fim. Chamo a esse processo Ensaio-Minuto.

— A senhora vê *tudo* isso num único minuto?

— Todas as partes importantes. Veja o caso dos comerciais de televisão que lhe agradam. Os melhores conseguem colocar o problema e, em seguida, fazem com que o senhor e o anunciante se sintam bem, tudo isso num minuto ou menos. Um bom Ensaio-Minuto parece-se muito com isso, especialmente com os comerciais engraçados. Quanto mais positivo e de mais alto astral seu Ensaio-Minuto, mais provável o seu sucesso. Não é verdade?

*

Sempre que sou bem-sucedida,

sei que fiz uso, consciente ou inconsciente,

dos pensamentos positivos que criaram meu sucesso.

*

— Quando assistir a um comercial de televisão, pense na agradável solução de um problema que está presenciando — aconselhou a doutora. Sorriu e perguntou: — O que foi que andou resolvendo ver ultimamente?

O vendedor pareceu um pouco envergonhado, mas depois riu de si mesmo.

— Acho que pensar no que pode sair errado.

— Exato, e sabe o que é que acontece?

— As coisas saem erradas — riu o visitante. Em seguida, disse: — Sabe de uma coisa, agora que estou pensando nisso, eu considerava antes a venda uma atividade agradável. E vendia muito mais. Diga-me uma coisa — pediu —, quando cria essas imagens mentais antes de uma venda, elas são visuais, como assistir aos comerciais de televisão de que falou?

— Na verdade, os meus são comerciais de rádio — respondeu a Dra. Simmonds. — Eu penso em palavras. Mas sei que outras pessoas se "vêem" tendo sucesso. A esse respeito, diz o Vendedor-Minuto: "Os melhores usam o que funciona melhor com eles."

— Quando eu fazia isso melhor — pensou em voz alta o visitante — eu me lembrava de uma venda bem-sucedida e tentava reproduzi-la na visita seguinte.

— Como vê — observou a doutora —, o senhor já sabe. Já fez isso com sucesso. O senhor é como todos nós. Trata-se simplesmente de uma questão de investir mais ou menos um minuto para fazer o que tem que ser feito! É por isso que a chamamos de Venda-Minuto. É rápida e funciona.

Querendo o visitante saber mais sobre O Ensaio, a doutora dividiu-o em três partes:

— A primeira — explicou — é Calçar os Sapatos da Outra Pessoa, ou ver as coisas do ponto de vista dela. A segunda é As Vantagens, ou como as características de meu produto se combinam para solucionar o problema do cliente. E a terceira, por mais piegas que possa parecer, é O Final Feliz: ver a outra pessoa usando e tirando proveito do que comprou e sentindo-se bem com isso.

— A senhora poderia me explicar cada um desses aspectos?

— Não quero ser indelicada, mas, não, não vou explicar — respondeu a doutora com um sorriso, e acrescentou: — Pelo menos, não para sua satisfação imediata. Ninguém pode aprender realmente com as explicações de outra pessoa; mas, às vezes, um palpite ou dois podem nos ajudar a descobrirmos as respostas ou solucionarmos nós mesmos a questão.

— Então foi isso o que o Vendedor-Minuto fez comigo — compreendeu o visitante. — Em vez de me *dizer* o que era Propósito, ele o extraiu de mim!

— Mas ele não podia ter feito isso se o senhor já não "soubesse" — observou a doutora. — Vamos testá-lo novamente, com O Ensaio-Minuto. De que modo, por exemplo, acha que poderia Calçar os Sapatos da Outra Pessoa?

— Creio — começou ele — que poderia simplesmente me lembrar de como me sinto quando sou o comprador. Ironicamente, costumo desconfiar das pessoas que me vendem alguma coisa. E quero um bom retorno pelo dinheiro que gasto. E quero contar com a pessoa de quem compro no tocante a serviço, se precisar.

Elizabeth Simmonds sorriu e disse:

— Você entendeu! Fez exatamente o que fazem os melhores vendedores:

*

*Antes de calçar os sapatos
de outra pessoa,*

*tenho, primeiro, que tirar
os meus.*

*

— O senhor acaba de tirar seus sapatos de vendedor e calçar os de comprador. Uma vez feito isso, todas as vendas se tornam mais fáceis. É a mesma coisa que acontece com pais que transmitem com sucesso suas idéias aos filhos porque eles, também, reservam um minuto para ver as coisas do ponto de vista das crianças.

A doutora fez uma ligeira pausa e prosseguiu:

— A segunda parte do Ensaio é quase tão simples como a primeira, especialmente se o senhor fez seus deveres de casa no tocante ao serviço, produto ou idéia que está vendendo. Se foi bastante esperto para estudar e manter-se atualizado com as características mais novas do que tem a oferecer, pode, rapidamente, passar em revista as Vantagens, como elas podem ser aplicadas para vantagem da outra pessoa.

— E a terceira parte do Ensaio-Minuto? — perguntou o visitante. — O Final Feliz?

— De que modo o *senhor* veria a terceira parte? — perguntou ela.

— Isso variaria — respondeu o visitante —, dependendo de quem estivesse comprando.

— Exatamente — concordou a Dra. Simmonds. — Mentalmente, vejo de modos diferentes se estou ajudando um estudante a comprar uma idéia ou um ex-aluno a dar uma contribuição financeira.

— Sabe de uma coisa — interrompeu-a o visitante —, acho que estou começando a compreender como funciona o Ensaio-Minuto. Enquanto a senhora falava, eu estava mentalmente vendo uma cliente importante que vou visitar em breve. Vi as suas necessidades do ponto de vista *dela*. Vi as vantagens práticas que ela teria com o produto que represento. E vi-a comprando e usufruindo do produto, e sentindo-se contente com a compra. Estava começando a sentir a energia, o poder de ajudar a outra pessoa a desenvolver os sentimentos que quer. Será esta uma reação comum?

— Sim, é. Usamos um bocado de palavras para descrever esse sentimento, como "confiança", "coragem", "uma atitude de vencedor". É esse o sentimento que serve de combustível para o alto desempenho e que assegura os melhores resultados. Mas, lembre-se, são igualmente poderosas as imagens inquietantes que criamos e cultivamos em nossa mente. São as imagens que criam o medo e a dúvida. A realidade emocionante, porém, é que podemos criar e passar o filme mental que *escolhermos*.

A doutora esperou um pouco até que suas palavras encontrassem eco e recomeçou:

— A maioria dos vendedores (os 80% que só fazem 20% das vendas) não se dá conta das imagens negativas que forma pouco antes de fazer uma visita. Não está consciente do poder que essas imagens têm de minar as vendas. O senhor, porém, pode fazer parte dos notáveis 20% dos vendedores que fazem 80% das vendas. Pode escolher seu sucesso "vendo-o" antes que ele aconteça.

— Acho que vou prestar atenção quando assistir a um bom comercial de televisão! — disse entusiasmado o visitante.

— Mas não esqueça — avisou-o a Dra. Simmonds — que o verdadeiro herói de seu Ensaio é o *outro* indivíduo. Quanto mais o senhor se imaginar focalizando-se no que *ele* quer, mais rapidamente o ajudará a comprar.

Embora aparentemente ele tivesse acabado de chegar, ele já estava escrevendo um resumo do que aprendera, agradecendo à Dra. Simmonds e deixando o *campus* universitário.

Antes da Venda: Um resumo

Lembro a mim mesmo que meu propósito é ajudar a outra pessoa a sentir-se bem com o que comprou e consigo mesma por ter comprado.

Antes de cada venda, ajudo a mim mesmo a compreender meu propósito, fazendo o Ensaio-Minuto, que me ajuda a ver o que quero que aconteça, antes que aconteça.

1. Mentalmente, Calço os Sapatos da Outra Pessoa a fim de ver as coisas do ponto de vista dela.
2. Mentalmente, vejo As Vantagens de meu serviço, produto ou idéia e como elas podem ajudar a outra pessoa a conseguir o que quer.
3. Mentalmente, vejo O Final Feliz para a outra pessoa. Ela se sente da maneira como quer se sentir: satisfeita com o que comprou e consigo mesma por ter comprado.

Vejo-me conseguindo o que quero: mais vendas com menos *stress*.

O que faço antes da venda é a primeira de três partes do Plano de Jogo para Vender aos Outros.

Breve resumo do

"PLANO DE JOGO" DO VENDEDOR-MINUTO
A Maneira Mais Rápida de Conseguir Mais Vendas com Menos *Stress*

COMEÇO
com
MEU PROPÓSITO

Ajudo as pessoas a desenvolver os sentimentos que <u>elas</u> querem — logo!

↓

VENDENDO AOS OUTROS

↓

Antes da Venda

- Em primeiro lugar, vejo as pessoas desenvolvendo os sentimentos que ELAS querem. Depois, vejo-me conseguindo o que eu quero.
- Estudo as características e vantagens daquilo que vendo — minuciosamente e com freqüência.
- Vejo os benefícios daquilo que vendo, ajudando realmente as pessoas a desenvolver os sentimentos que elas querem.

Durante a Venda

-
-
-
-
-

-

Após a Venda

-

-

-

O VENDEDOR refletiu longamente sobre a sabedoria daquilo que aprendera com a administradora universitária. As palavras dela certamente confirmavam antigos pensamentos seus de que quando a pessoa aprende a vender, ela certamente pode prosperar de muitas maneiras.

Tinha encontro marcado com John Turnquist, um dos vendedores de maior sucesso no ramo de seguros, um homem que tinha um resultado de vendas de mais de um milhão de dólares.

O mais impressionante, porém, era o fato de Turnquist ser um cavalheiro altamente respeitado, que gozava a vida e estava obviamente em paz consigo mesmo e com o mundo. Dispunha também de tempo para desfrutar de outras coisas na vida, além do sucesso financeiro. Aquilo lhe lembrava alguma coisa.

E estava ansioso para aprender como fazer o mesmo. No passado, teria se sentido um pouco embaraçado na presença de pessoa tão conhecida como John Turnquist. Mas fizera um ensaio mental para o encontro, "vira" o resultado agradável e sentia-se cheio de confiança e energia.

Ao trocarem um aperto de mãos, o visitante contou rapidamente a Turnquist suas interessantes experiências de aprendizagem nos dois gabinetes que visitara, e disse que estava ansioso para saber mais.

— Nunca dei muita importância antes a professores — concluiu —, mas além de me ensinarem, os senhores me ajudaram a gostar de aprender!

— *Esse,* meu bom rapaz — respondeu Turnquist —, é o segredo que torna a venda tão fácil para mim. Jamais esqueço que *as pessoas odeiam que lhes vendam, mas adoram comprar.* Quando estou nos meus melhores dias, acho que tudo o que faço é ajudar a pessoa a fazer aquilo que ela já gosta: sentir-se bem em relação ao que compra.

— Bem, eu gostaria de acreditar que a coisa é tão simples assim, mas descobri que as pessoas resistem a *qualquer* vendedor. Eu mesmo faço isso.

— O que o estou ouvindo dizer é que odeia que lhe vendam alguma coisa. Quem não sente o mesmo? Quando acha que alguém está lhe vendendo, questiona a intenção da outra pessoa e acha que a situação lhe foge ao controle. Acontece exatamente o oposto quando o senhor sabe que está fazendo a *compra. Gosta* do que está fazendo. Isso acontece quando o vendedor está realmente do seu lado e não o desvia daquilo que o senhor quer.

— Entendo o que o senhor quer dizer. As pessoas compram por suas próprias razões, não pelas nossas.

— Exatamente — concordou Turnquist. — É por isso que meu enfoque de vendas baseia-se no seguinte:

Quando quero me lembrar de como vender,

simplesmente me lembro de como eu — e outras pessoas — gostamos de comprar.

— Já ouviu falar no Ensaio-Minuto? — perguntou Turnquist.

— Já. Na verdade, eu mesmo o pratiquei antes de vir aqui hoje. — O vendedor sentiu-se bem.

— O que o senhor realiza nesse Ensaio-Minuto *antes* da venda simplifica seu trabalho *durante* a venda. Tudo o que o senhor tem a fazer é ajudar a outra pessoa a compartilhar da imagem que já criou, em benefício *próprio*!

— Deixe-me ver se o compreendo bem — disse o visitante, dando-se conta nesse momento de que podia encontrar suas próprias respostas. — Cabe a mim durante a venda ajudar a outra pessoa a ver o "comercial" em que a coloquei como personagem principal, identificando seu problema, vendo meu produto em ação para solucioná-lo e, em seguida, desfrutando dos bons sentimentos que deseja.

— Exato. Mas lembre-se, de antemão o senhor pode, na melhor das hipóteses, *prever* quais as suas necessidades e sentimentos. Durante o processo, o senhor tem a oportunidade de adaptar sua visão às razões que ela tem para comprar.

— E quais *são* estas razões?

— Elas, naturalmente, diferem de cliente para cliente. Mas antes de estudar as suas razões para comprar, examinemos as quatro razões mais comuns para *não* comprarem, os quatro obstáculos que impedem que consigam o que querem. Vendedores existem para ajudar compradores a adquirir coisas. Mas se os compradores não *confiam* no vendedor, não sentem *necessidade* de nosso serviço, não acreditam que o produto oferece mais ajuda do que o do concorrente, e não têm *pressa* de comprar, não vão aceitar nossa ajuda.

— De que modo os ajudamos a superar esses obstáculos?

— A fim de ajudar a pessoa a sentir *confiança*, lembro-me de meu propósito. As pessoas o sentirão logo, quando seu propósito for ajudá-las. Digo à pessoa que vou fazer alguma coisa, e faço-a, ou durante o telefonema de venda ou quando a visito depois. E descrevo o *Propósito,* o *Processo* e o *Resultado*.

— Isso é igual ao objetivo de Vender de Propósito?

— Sim. Uma vez sabido seu propósito, cabe a você *comunicá-lo* a outra pessoa. Se estivesse lhe telefonando, eu poderia falar mais ou menos assim: "Sr. Fulano, pensando neste telefonema, lembrei-me que a maioria das pessoas com quem trabalhei no passado tinham algumas perguntas que queriam que fossem respondidas antes de me receberem. Queriam saber o *propósito* do encontro, o *processo* que poderiam esperar se resolvessem me receber e estudar nosso serviço e, finalmente, o *resultado* ou proveito pelo tempo que investiriam em mim. Se lhe ocorreram essas perguntas, eu gostaria de respondê-las." Isso lhe parece bom?

— Parece, de fato. Agora, me diga qual é a sua resposta!

— Bem, minha resposta... — Turnquist interrompeu-se e riu. — O importante não é a minha resposta, mas o processo que o ajudou a querer saber mais.

— Bem, parece que a maioria das pessoas estaria pelo menos disposta a dar o passo seguinte. E acho que isso é tudo que podemos esperar, uma vez que confiança não é algo que se possa ganhar com uma ou duas frases! Como o senhor sabe que está despertando a confiança do cliente?

— Pela disposição dele de me contar sua situação. Isso implica passar ao processo seguinte, que diz respeito ao obstáculo da "ausência de necessidade". Um dos serviços mais valiosos que prestamos consiste em ajudar a pessoa a reconhecer o que *ela* realmente necessita. Conseguimos isso com nossa capacidade de fazer perguntas relevantes e ouvir com profundo interesse.

— O senhor poderia me dar um exemplo de ambos?

— É fácil. Faço perguntas que envolvam "ter", como: "O que é que o senhor gosta mais no que já tem?" E em seguida perguntas do tipo "querer": "O que é que o senhor quer que ainda não tem?" "Eu poderia lhe perguntar o que é que gosta menos naquilo que já tem?" E assim por diante. É nesse ponto que entram o saber ouvir e a habilidade de aproveitar as respostas. Se prestar toda atenção à resposta do cliente, o senhor poderá discernir se há alguma diferença entre o que ele tem agora e o que quer — o que se resume em como ele gostaria de se sentir. Em seguida, levo um minuto para resumir os pontos principais, que repito para que o cliente saiba que o ouvi e compreendi. Mais importante que tudo, mostro claramente a diferença entre o que ele tem e o que ele quer, fazendo com que ele reconheça seu problema e descubra que sentimentos alimenta.

— Por que *isso* é tão importante assim?
— Porque facilita mais tudo o que se segue. O senhor, por acaso, já apresentou solução para um problema que a pessoa sequer suspeitava ter?
— Já, e é frustrante.
— Compare isso com o seguinte: "Sr. Fulano, baseado no que acabou de me dizer sobre isso e aquilo [as necessidades dele], eu gostaria de sugerir isso e aquilo [meu produto, serviço ou idéia]. É dessa maneira que problemas e soluções são amarrados.

— O que é que o senhor me diz quando ele reconhece a necessidade, mas estou concorrendo com outro produto? Devo arrasar a concorrência ou compará-la com meu produto?

— O que é que o senhor acha — perguntou o bem-sucedido vendedor — quando alguém espinafra o produto do concorrente?

— Às vezes, perco o respeito pelo vendedor. E perco um pouco de confiança também.

— Exatamente. De modo que nunca faça isso. Minha solução é falar-lhe a respeito de outra pessoa, muito parecida com ele, que se beneficiou com a compra do produto que ofereço, caso isto realmente tenha ocorrido. Mas é nesta altura, se for apropriado, que posso chamar a atenção para as vantagens excepcionais do que ofereço e de que modo isso beneficiou aquela outra pessoa com problema semelhante. Mas a única coisa de que quero ter certeza é incluir a menção dos sentimentos específicos que meu cliente quer e que aquela outra pessoa experimentou, a satisfação, a redução da ansiedade, a recém-encontrada segurança, o que quer que meu *atual* cliente queira realmente comprar.

— O que é que o senhor quer dizer com isso?

— Se vai continuar a vender, é melhor saber o que é que as pessoas realmente compram.

— Muito bem, e o que é que elas realmente compram?

*

As pessoas não compram nossos serviços, produtos, ou idéias.

Elas compram o que imaginam que lhes fará <u>bem</u>.

*

— Antes de vender seguros — recomeçou Turnquist — eu vendia pneus radiais, e mais do que qualquer outra pessoa.

O visitante interrompeu-o com um sorriso e as palavras:

— E o fazia em menos tempo do que os outros vendedores.

— Como o senhor descobriu isso? — perguntou Turnquist, rindo. — Certa vez visitei uma companhia de transporte de carga. Era feroz a concorrência pela encomenda. Notei, porém, fotografias de família na mesa do comprador. Começamos a conversar sobre a vida e tornou-se óbvio que nós dois apreciávamos a vida familiar. Ele falou de seus motoristas e da freqüência com que eles ficavam longe da família e o que aconteceria se algo ocorresse a eles. Nessa ocasião, falei nos aspectos de segurança de nossos pneus radiais. Todos os concorrentes estavam destacando a quilometragem e a economia. Imagine quem conseguiu o grande contrato?

— Compreendo. O senhor reservou alguns minutos extras para escutar aquilo em que o comprador estava realmente interessado, a segurança, em vez de explorar o ângulo que achava que era importante a respeito de seu produto.

— Isso mesmo. Descubra o que a outra pessoa quer.

— E se não conseguimos descobrir? — perguntou o visitante.

— Nesse caso, faço duas coisas. Em primeiro lugar, faço mais perguntas e escuto com maior atenção ainda. Em geral, investindo mais alguns minutos, descubro as necessidades.

— E se mesmo assim não descobrir? — insistiu o visitante.

— Se ele acha que não tem uma necessidade, vou embora. Nunca crio uma necessidade, já que isso não é do melhor interesse do comprador. Isso também roubaria 80% do meu tempo, e só me renderia 20% de resultados. A maneira mais rápida de vender é ajudar honestamente o comprador a compreender o que é realmente de seu melhor interesse. Nessa ocasião, *ele* agirá... *rapidamente*. Se não, recomendo a ele a melhor fonte que conheço e passo ao cliente seguinte, a quem eu possa realmente ajudar. Não perco meu tempo enganando-me ou enganando o cliente.

— Muito bem — resumiu o visitante. — Digamos que ele confia em mim, tem uma necessidade e entende que posso ajudá-lo a satisfazê-la e a obter os sentimentos que quer. O que o impediria de agir nesse momento?

— Às vezes, o vendedor tem simplesmente que pedir. É surpreendente o número de vendedores que tem medo de pedir ao cliente que se decida.

O vendedor grunhiu baixinho, lembrando-se de quantas vendas perdera exatamente por essa razão.

— De modo geral, porém, é o medo do cliente a causa da "falta de pressa". Neste caso, a idéia consiste em sugerir um curso de ação que lhe dê o máximo de oportunidade de ganho com o mínimo de risco. Vendedores fazem isso todos os dias com garantia de devolução do dinheiro se o produto não se mostrar satisfatório, um período gratuito de experiência, uma pequena amostra ou uma pequena oportunidade de o cliente ver como a coisa funciona antes de se decidir. Quando o menor risco pessoal se combina com o maior proveito pessoal possível, as pessoas se apressam em acabar com a "falta de pressa".

O visitante tirou a caderneta de notas do bolso e fez um curto resumo do que acabara de aprender — como se já estivesse começando a fazer uso das novas informações:

Durante a Venda: Um resumo

1. Reservo um minuto para lembrar a mim mesmo meu propósito: ajudar as pessoas a desenvolver bons sentimentos em relação ao que compraram e consigo mesmas por terem comprado.

2. Lembro a mim mesmo a estratégia que vou seguir: ajudar a outra pessoa a ver e a sentir o que imaginei em meu Ensaio-Minuto, que modifico durante o processo de acordo com o que o cliente quer.

3. Recordo os obstáculos que as pessoas têm que superar para obter o que *elas* querem: falta de confiança, falta de necessidade, falta de ajuda, falta de pressa.

4. Ajudo a criar confiança na pessoa Vendendo de Propósito, fazendo o que digo que vou fazer, e descrevendo meu *propósito*, nosso *processo* de venda, e o *proveito*, ou resultado, que ela vai obter.

5. A fim de descobrir as necessidades do cliente, faço perguntas do tipo "ter" e "querer". Na diferença está nossa oportunidade — dele e minha, nessa ordem.

6. Escuto. Levo um minuto para resumir o que escutei — e para mostrar que compreendi.

7. Baseando-me no que *as pessoas* acham que querem, ajudo-as a obtê-lo. Se não posso ajudar, ajudo-as a conseguir o que desejam recomendando alguém que *possa* ajudá-las.

8. Se posso ajudar, falo a elas sobre pessoas como elas a quem ajudei a conseguir o que queriam.

9. Quando elas entendem que podem obter o que querem, mostro-lhes como consegui-lo com o menor risco e o maior proveito pessoais.

10. Peço a elas que comprem.

O que faço durante a venda é a segunda das três partes do Plano de Jogo para Vender aos Outros:

Breve resumo do

"PLANO DE JOGO" DO VENDEDOR-MINUTO
A Maneira Mais Rápida de Conseguir Mais Vendas com Menos *Stress*

COMEÇO
com
MEU PROPÓSITO
Ajudar as pessoas a desenvolver os sentimentos que <u>elas</u> querem — logo!

⬇

VENDENDO AOS OUTROS

⬇

Antes da Venda

- Em primeiro lugar, vejo as pessoas desenvolvendo os sentimentos que ELAS querem. Depois, vejo-me conseguindo o que eu quero.
- Estudo as características e vantagens daquilo que vendo — minuciosamente e com freqüência.
- Vejo os benefícios daquilo que vendo, ajudando realmente as pessoas a desenvolver os sentimentos que querem.

⬇

Durante a Venda

- Vendo da maneira como eu e as outras pessoas gostamos de comprar. Invisto tempo como PESSOA.
- Faço perguntas do tipo "ter" e "querer".
- A diferença é o problema.
- Escuto e repito o que ouvi.
- Honestamente, relaciono meu serviço, produto ou idéia apenas com o que a <u>outra pessoa</u> quer sentir.
- A outra pessoa fecha a venda quando percebe que consegue o máximo de benefícios com o mínimo de risco pessoal.

Após a Venda

-
-
-

NAQUELE dia ele iria conhecer Diane Rosini. O Vendedor-Minuto lhe dissera que Diane era, entre homens e mulheres, a profissional mais bem-sucedida que jamais conhecera em obter o máximo com o mínimo de esforço.

Diane era uma vendedora inteiramente profissional. Seu segredo, dissera ele, era a capacidade de conseguir que as pessoas a recomendassem a numerosos outros compradores. Era pouquíssimo o tempo que ela passava em telefonemas de sondagens. Quase sempre, anotava pedidos de pessoas que queriam comprar especificamente com ela. Fora isso o que lhe chamara a atenção.

Sentado em frente a Diane, ele confirmou logo um detalhe: ela certamente parecia uma pessoa tranqüila, com todo o tempo do mundo à sua disposição.

— Qual é o seu segredo? — perguntou o vendedor.

— Para mim — disse ela — os minutos-chave na venda e o trabalho mais importante que faço ocorrem depois que as pessoas compram meu produto. Esses minutos são os que trazem as maiores recompensas. O senhor sabia — perguntou — que a maioria dos vendedores raramente volta, depois da venda, a manter contato com as pessoas a quem ajudaram?

— Não — respondeu o visitante. — Mas, pensando bem, após a venda eu também não mantenho contato com as pessoas que compram de mim, a menos, claro, que surja algum problema.

— O senhor já se perguntou por quê? — quis saber a mulher.

— Descobri que a maioria dos vendedores não gosta de manter contato com os clientes simplesmente porque tem receio de que possa haver um problema.

— Trata-se da síndrome do "melhor deixar como está" — disse Diane. — O que acontece é que a maioria das pessoas que compra alguma coisa, de carrinhos de bebê a couraçados, não está acostumada a ser procurada após a compra. O que vou contar agora parece ser o mais bem guardado dos segredos que conheço entre vendedores:

*

Depois que vendo de propósito, as pessoas se sentem bem

com o que compraram e consigo mesmas.

E dão a meu respeito <u>REFERÊNCIAS</u> de valor incalculável!

*

— Assim, as pessoas não fazem isso apenas pela senhora, mas porque elas se sentem bem ajudando os amigos. As pessoas fazem coisas movidas por suas próprias razões, não pelas nossas. Isso parece tão simples!
Ela sorriu e disse:
— O sucesso consiste em fazer bem o simples. Acho — continuou — que a maioria dos vendedores não faz o acompanhamento após a venda porque teme ouvir más notícias. Mas deixe que eu explique isso. Feita a venda, telefono várias vezes para os compradores. Digo que a finalidade do telefonema é descobrir se estão gostando e se beneficiando com o que compraram de mim. Se estão, honestamente e em poucas palavras, elogio-os pela decisão que tomaram ao comprar. Lembro-lhes alguma coisa específica que fizeram durante o processo de venda e que os ajudou a tomar uma decisão tão boa.

Após uma pequena pausa, ela continuou:
— Mantenho um fichário simples de cada cliente e que inclui esse tipo de informação. Depois de os elogiar, falo de um pequeno presente que vou mandar. Em geral, é alguma coisa barata que ele podia ter comprado mas não comprou, um presente de valor adicional. Isto significa fazer alguma coisa além do que ele espera. No caso da maioria das pessoas, os telefonemas e os elogios são suficientes, e investir esses curtos minutos após a venda me mantém em meu propósito. Em seguida, pergunto se conhecem outras pessoas que apreciariam minha ajuda. A maioria das pessoas fica mais do que contente em fazer esse favor. Quando cuido bem dos clientes, eles cuidam bem de mim, e com muitas referências!

— E se a notícia é ruim após a venda e as coisas não estão funcionando? O que é que a senhora faz?

— Em primeiro lugar, não considero isso má notícia. Isso é algo que criamos mentalmente. Para mim, trata-se apenas de informação. Minha experiência é de que todas as informações que recebo dão-me oportunidade de ajudar, de fornecer valor adicional com o serviço. E a maioria das pessoas é justa. Sabe que, às vezes, as coisas saem erradas. Mas, de modo geral, ninguém parece se importar com a experiência passada delas. Assim, ficam surpresas quando me ofereço e me mostro animada com a oportunidade de ajudar. Habitualmente, essas más experiências transformam-se em minhas melhores referências mais tarde. E muitas vezes levam à renovação de pedidos. Por isso me é tão fácil ficar animada e continuar animada mesmo quando as coisas vão mal.

— Quando cheguei aqui notei como a senhora parece tranqüila — observou o vendedor. — E agora vejo sua animação quando fala em ajudar seus clientes. É uma boa combinação: animação tranqüila.

— E por que não? Essas pessoas todas nos agradecem dando boas referências a nosso respeito. É como se estivessem trabalhando para nós, de graça. É a isso que chamo fazer mais vendas com menos *stress*.

O vendedor-aprendiz tomou nota do que aprendera:

Após a Venda: Um resumo

Após cada venda, continuo a Vender de Propósito: fazer com que as pessoas se sintam bem com o que compraram e consigo mesmas.

1. Entro em contato com o cliente após a venda, a fim de me certificar de que ele se sente bem com o que comprou e consigo mesmo por ter comprado.

2. Se ele não se sente feliz, aproveito a oportunidade para endireitar as coisas para ele.

3. Se ele está satisfeito, elogio-o pela decisão de ter comprado e, especificamente, menciono algo que ele fez e que o ajudou a decidir-se.

4. Excedo as suas expectativas fornecendo alguma coisa de valor adicional.

5. Quando ele se sente bem, peço-lhe que me recomende. Pergunto-lhe o nome de conhecidos com quem eu possa entrar em contato, usando seu nome como referência.

O que faço após a venda constitui a terceira parte do Plano de Jogo para Vender aos Outros:

Breve resumo do

"PLANO DE JOGO" DO VENDEDOR-MINUTO
A Maneira Mais Rápida de Conseguir Mais Vendas com Menos *Stress*

COMEÇO
com
MEU PROPÓSITO
Ajudo as pessoas a desenvolver os sentimentos que <u>elas</u> querem — logo!

VENDENDO AOS OUTROS

Antes da Venda

- Em primeiro lugar, vejo as pessoas desenvolvendo os sentimentos que ELAS querem. Depois, vejo-me conseguindo o que eu quero.
- Estudo as características e vantagens daquilo que vendo — minuciosamente e com freqüência.
- Vejo os benefícios daquilo que vendo ajudando realmente as pessoas a desenvolver os sentimentos que querem.

Durante a Venda

- Vendo da maneira que eu e as outras pessoas gostamos de comprar. Invisto tempo como PESSOA.
- Faço perguntas do tipo "ter" e "querer".
- A diferença é o problema.
- Escuto e repito o que ouvi.
- Honestamente, relaciono meu serviço, produto ou idéia apenas com o que <u>a outra pessoa quer sentir.</u>
- A outra pessoa fecha a venda quando percebe que consegue o máximo de benefício com o mínimo de risco pessoal.

Após a Venda

- Habitualmente, faço o acompanhamento da venda a fim de me certificar de que a pessoa se sente bem em possuir aquilo que me comprou.
- Se há problema, ajudo-a a solucioná-lo — e assim fortaleço nosso relacionamento.
- Quando acho que ela se sente bem com o que comprou, peço recomendações <u>produtivas.</u>

O GERENTE de Vendas David Schmidt saiu de trás de sua escrivaninha e apertou a mão do visitante.

Quando o visitante lhe disse como achara incomuns muitos dos vendedores que conhecera, o gerente de vendas respondeu que ele também não queria ser igual a um bocado de colegas seus.

— Não quero ser igual ao cão de caça canadense.

Percebendo a confusão do visitante, o gerente sorriu e explicou:

— Um americano foi caçar no Canadá. Teve sorte porque lhe deram o melhor cão de caça que havia. O nome do cachorro era Vendedor.

O visitante sorriu.

— Pela primeira vez na vida, em apenas dois dias, o americano abateu toda a sua quota permitida de aves. "Esse aí é o melhor cão de caça que jamais vi", disse ele a seu anfitrião canadense. "Eu adoraria caçar com ele na próxima vez." Mas, quando voltou no ano seguinte, o americano ficou decepcionado. Foi informado de que não adiantava levar Vendedor naquele ano. Quando perguntou por que, responderam-lhe: "Acho que cometemos um grande erro com aquele cão. Mudamos o nome dele para Gerente de Vendas." O americano perguntou: "Mas que diferença isso pode fazer?" "A maior", foi informado. "Desde que passou a ser chamado de Gerente de Vendas, ele simplesmente fica sentado o dia todo latindo!"

Os dois riram. O visitante estava impressionado com a maneira como Vendedores-Minuto podiam rir e não se levarem muito a sério.

O gerente de vendas deixou claro que queria ajudar no que fosse possível os vendedores que trabalhavam sob suas ordens. E logo começou a explicar a segunda parte da Venda-Minuto:

— A primeira parte, Vender aos Outros — disse —, consiste em cuidar bem do *cliente*. A segunda parte, Vender para Mim Mesmo, implica cuidar bem do *vendedor*. Mas, por melhor que isso seja para o cliente e o vendedor — continuou o gerente de vendas —, sabe o que mais gosto no sistema?

Sem esperar resposta, prosseguiu:
— Gosto da segunda parte da Venda-Minuto, a parte da autodireção, porque torna muito mais fácil meu trabalho. Quando as pessoas dirigem sua própria vida, isso me poupa tempo e energia, e há menos rotatividade de pessoal.
— Por quê? — perguntou o visitante.
— Porque nossos vendedores gostam disso — respondeu o gerente. — Para eles é ótimo cuidarem de si mesmos. Quando meu pessoal cuida tão bem de *si mesmo* como cuida dos clientes, eles realizam mais vendas, com maior facilidade, e assim gostam mais de trabalhar aqui.

O gerente de vendas pensou um pouco e continuou:
— Como o senhor sabe, vendedores trabalham na rua, e não sob a vigilância de um chefe de escritório. Os vendedores gostam disso. Um dos motivos por que muitos optaram por vendas é que gostam de ser seus próprios chefes. Isso faz com que se sintam bem. Na verdade, na Venda Autodirigida constatamos que quanto melhor a pessoa se sente consigo mesma, melhor trabalho realiza. E esse resultado baseia-se apenas no seguinte: *Vendedores satisfeitos consigo mesmos produzem bons resultados.*

— Os melhores gerentes — continuou Schmidt — estão descobrindo que as pessoas se sentem mais satisfeitos no trabalho quando *querem* fazer alguma coisa, e não quando *têm* que fazê-la. Quando percebem que estão fazendo alguma coisa para si mesmas, é mais provável que realmente a façam, e sem precisar de direção constante.

— Isso se parece com a primeira metade da Venda-Minuto — observou o visitante. — Quando a outra pessoa sente que está conseguindo o que *quer*, ou seja, conseguindo sentir-se bem com o que comprou e consigo mesma por ter comprado, é mais provável que tome a iniciativa.

— O mesmo método de vender aos outros pode ser usado para vender o vendedor a si mesmo. É um paralelo muito bom.

— E de que maneira o senhor, como gerente de vendas, ajuda seu pessoal a fazer isso?

— Antes de falarmos sobre como fazemos isso — advertiu-o o gerente —, vejamos qual é a fonte básica de poder de cada vendedor que utiliza a Venda Autodirigida. Ela é simplesmente a seguinte:

*

A Venda Autodirigida

ajuda-me, inicialmente, a constatar que já sou competente,

e depois me dá o prazer de me tornar ainda melhor!

*

— O mais poderoso estímulo para o alto desempenho pessoal em vendas é uma profunda *auto-estima*. O senhor me perguntou como ajudo nossos vendedores a se sentirem bem consigo mesmos. Bem, comecei tornando-me um Gerente-Minuto. Com isso quero dizer que usava três eficientes métodos de gerência: estabelecia Objetivos-Minuto, fazia Elogios-Minuto e aplicava Repressões-Minuto. E conseguia excelentes resultados. Mas sabia também que vendedores eram pessoas diferentes. Estavam lá na rua vendendo e precisavam ser seus próprios gerentes. Mas queriam também que eu lhes desse alguma ajuda prática. De modo que, no caso de meu pessoal de vendas, adaptei esses métodos, transformando-os na Autogerência-Minuto. Logo que aprenderam a usá-la, adoraram o sistema, porque ele lhes dá o que querem: controle sobre sua própria vida.

— Como é que eles usam os três métodos?

— Por que o senhor mesmo não lhes pergunta? — propôs o gerente.

O visitante estava espantado com a confiança que todos demonstravam. Parecia que quanto mais a pessoa tinha permissão de investigar e questionar o valor da Venda-Minuto junto às pessoas que a empregavam, mais evidente se tornava seu valor.

Agradeceu àquele excepcional gerente pela ajuda e saiu para conhecer alguns desses "extraordinários" vendedores.

E já estava pensando na possibilidade de, ele mesmo, vir a obter para si os mesmos grandes resultados.

— A CONTABILIDADE de vendas tornou-se agora mais importante em todos os ramos de atividade — disse ao aspirante a bom vendedor a contadora que acabara de conhecer. — Até mesmo médicos e advogados estão recorrendo ao *marketing* e anunciando seus serviços.

Uma vez que trazia tantas contas novas de clientes, Carolyn Stafford, contadora, estava prestes a tornar-se sócia de uma bem-conceituada firma de contabilidade. Ela sabia como usar os três segredos da Venda Autodirigida.

— Nosso chefe de escritório disse-me que o senhor quer saber mais alguma coisa a respeito do primeiro segredo: os Objetivos-Minuto. Desde que David Schmidt explicou o que era isso ao meu gerente e ele me ensinou, praticamente dupliquei o número de novos clientes de nossa firma. Como contadora, nunca pensei que gostaria de vender ou que poderia fazer isso. Mas o segredo ajudou-me a prosperar e até gosto mais de meu trabalho.

— Acho, então, que admira seu gerente de vendas, certo?

— Considero-o um gerente excepcional — respondeu ela — porque me ajudou a aprender como dirigir meu próprio trabalho.

— Especificamente, o que *são* Objetivos-Minuto e de que maneira a ajudam na Venda Autodirigida?

— São objetivos que freqüentemente posso "ver" em minha mente, em apenas um minuto. Mais adiante, o senhor vai compreender por que isso é importante. Faço quatro coisas específicas: 1) tomo decisões sobre os "poucos e importantes 20%", e eles se tornam meus objetivos; 2) de uma maneira especial, ponho no papel meus objetivos; 3) constantemente, passo-os em revista; 4) repetidamente, examino-os e, em seguida, a meu *comportamento*, para ver se combinam.

O candidato a bom vendedor tirou o caderninho do bolso a fim de anotar o que achava que iam ser informações úteis.

— Poderia, por favor, explicar um pouco mais as coisas que a senhora faz?

— Claro. Como outros Vendedores-Minuto, aprendi que uns 20% do que faço durante o dia são responsáveis por uns 80% de meus bons resultados. Assim, a *primeira* coisa importante que faço é esclarecer quais são esses 20% importantes e, em seguida, concentrar-me apenas neles. Resolvo não me preocupar com os 80%: o desnecessário. Trabalho menos e me canso menos. Sobram, assim, energia e concentração para fazer bem as coisas importantes.

— Poderia me dar um exemplo prático da maneira como usa essa técnica?

— Um bom exemplo dessa lei 20/80% seria a análise de minhas contas de vendas. Quando as analiso, descubro que uns 20% de minhas contas contribuem para mim e para minha companhia com cerca de 80% de nosso fluxo de caixa. Concentro-me, assim, em dar de mim o máximo nesses 20%. Em seguida, organizo as coisas de modo que os outros 80% de clientes potenciais, que ouvem falar do grande trabalho que estou fazendo com os 20% decisivos, entrem em contato comigo em busca dos mesmos benefícios. O método é eficiente porque são eles que me procuram.

— O que é que a senhora faz com esses 20% decisivos? — perguntou o visitante.

— Depois de identificar os 20%, a *segunda* coisa que faço é pôr no papel, *especificamente*, o que eu gostaria que me acontecesse. Estabeleço esses objetivos-chave em duas partes: o que estou *fazendo* e a maneira como *me sinto*. Escrevo na primeira pessoa do presente, como se a coisa já fosse real. *Estou fazendo... E estou sentindo...*

— E isso é tudo o que há no sistema? — perguntou o visitante.

— Não exatamente. A fim de *sentir* mais profundamente que meu objetivo já foi atingido, enfeito-o com palavras que me ajudam a sentir as vantagens que existem para mim. E esse é que é o ponto importante: a minha *sensação* de que o objetivo já se transformou em realidade.

— Poderia me dar um exemplo? — pediu o vendedor à jovem contadora.

— Claro. Recentemente, um amigo meu estabeleceu o objetivo pessoal de ter um barco. Mas não sabia com certeza se teria tempo ou dinheiro para realizar esse desejo. Mas, depois que aprendeu o que era o poder dos Objetivos-Minuto, pôs os seus no papel, de modo a *sentir* concretamente que já os havia atingido. Pegou um cartão e "viu" alguma coisa mais ou menos assim: *Estamos no mês de agosto do próximo ano e sou dono de um veleiro azul e branco de 32 pés de comprimento e com acomodações para seis pessoas. Estou usando meu boné e sapatos prediletos e "curtindo" a pesca, o sol no meu rosto, o prazer de ter a bordo meus melhores amigos.*

O vendedor sorriu e disse:

— Eu me sinto como se estivesse também no barco.

— A idéia é essa mesma — confirmou ela — sentir como se a coisa já estivesse acontecendo. Mentalmente, meu amigo "viu" sua meta enquanto a revia, e lia e relia seu objetivo, uma vez após outra. Aconteceu então uma coisa engraçadíssima. Sem muito esforço extra, naquele ano ele comprou o barco. Não aconteceu exatamente quando ou como ele pensou. Raramente é assim. Mas aconteceu! Na verdade, aconteceu mais cedo e mais facilmente do que ele esperara. Eu e as pessoas que utilizam os Objetivos-Minuto descobrimos a mesma coisa. Agora realizamos mais de nossos objetivos, com maior freqüência e menos *stress*. O poder dos Objetivos-Minuto, que, para ser franca, não entendo completamente, mas que sem dúvida alguma observei, parece ter origem na seguinte verdade, aparentemente universal:

*

Nós nos transformamos

*naquilo
em que pensamos.*

*

Essas palavras despertaram uma recordação no candidato a bom vendedor:

— Isso me lembra um treinador de basquetebol de que ouvi falar que dividiu os jogadores em dois grupos a fim de ver qual deles melhoraria mais nos lances livres. Um grupo treinava todos os dias os lances na quadra, enquanto o outro treinava o mesmo número de horas, mas apenas mentalmente. Eles simplesmente viam as bolas entrando na cesta em 100% das vezes. Viam-se vencendo. Quando os dois grupos foram disputar uma partida, o grupo que treinou mentalmente superou os colegas. Nós nos transformamos naquilo em que pensamos!

— Excelente exemplo — concordou Carolyn.

O visitante pensou por um momento e em seguida observou:

— Isso se parece com o Ensaio-Minuto, que usamos antes da venda. Ajudamos o cliente a conseguir o que ele quer, vendo-o primeiro em nossa mente, já nos sentindo bem em proporcionar-lhe o que ele quer. Os Objetivos-Minuto — acrescentou entusiasmado o vendedor — baseiam-se nos mesmos princípios psicológicos. Simplesmente, ajudam-nos a conseguir o que *nós* queremos.

— O senhor aprende depressa — elogiou-o Carolyn. — Acaba de dizer justamente o que eu ia lhe dizer, que vender a outras pessoas e vender para si mesmo são coisas muito parecidas. Na verdade, o senhor acaba de provar o que o Vendedor-Minuto diz: "Todos nós temos todas as respostas dentro de nós; basta escutá-las."

O homem não entendeu e perguntou:

— Especificamente, de que maneira a senhora usa Objetivos-Minuto em vendas?
— Faço isso de duas maneiras: em geral e especificamente. Há muito tempo, escrevi numa ficha, detalhadamente, os princípios gerais que quero manter em mente, antes, durante e depois de todas as vendas que faço. Essa *ficha geral* contém as três partes do Ensaio antes da venda, o procedimento-chave durante a venda, e o acompanhamento depois que a concluo.
— Nesse caso, como é que os usa especificamente?
— Em seguida, abro minhas *fichas específicas*. Rapidamente, escrevo nelas meu objetivo de venda com cada cliente. Isso só leva alguns minutos, mas realmente me ajuda a focalizar a venda. Os objetivos de venda variam, mas o uso dessa técnica rápida e eficaz é quase o mesmo.
— O que é que a senhora faz em seguida? — quis saber o vendedor.
— Depois de decidir o que é importante, e pôr no papel meus objetivos de uma forma que me faz sentir que eles já foram atingidos, a *terceira* coisa consiste em ler e reler muitas vezes esses objetivos, mesmo que ache que já os conheço bem. Talvez lhe pareça uma coisa mecânica — continuou ela — ler e reler os objetivos, mas se quer mudar alguma coisa, mesmo uma convicção, pode realmente fazê-lo, sem dificuldade.
— Como? — perguntou o vendedor.
— Como o *senhor* acha que faria isso? — A bemsucedida mulher aprendera realmente com seu gerente de vendas.

— Eu poderia escrever meus objetivos numa ficha e levá-la na carteira. Quando tivesse algum tempo de folga, poderia lê-los e relê-los, vendo-os como se já tivessem sido atingidos. — E acrescentou: — Eu poderia também pregar uma ficha no espelho do armário do banheiro ou perto de minha cama para ler quando acordo e vou dormir.

— Seja qual for a maneira como o *senhor* pensa que o sistema vai funcionar, essa é a maneira — observou Carolyn Stafford. — Ou como diz o Vendedor-Minuto: "Faça a coisa à sua maneira e ela provavelmente funcionará no seu caso; faça-a à maneira de outrem e provavelmente não dará certo." O senhor já descobriu que tem dentro de si todas as respostas. Sei que estou satisfeita porque meu gerente me ajudou a descobrir isso por mim mesma e porque agora compreendo que todos nós fazemos isso. O que o senhor acaba de demonstrar.

— Estou justamente aprendendo que quanto mais sei o que quero fazer, mais posso pensar em maneiras de *como* fazê-lo.

O visitante sentiu-se bem. Estava começando a pensar que, talvez, pudesse melhorar espetacularmente seus métodos de venda. Provavelmente, com o emprego dos Objetivos-Minuto, aprenderia como vender mais com menos *stress* — e logo.

— Poderia me dar outro exemplo disso que me está contando, um exemplo relacionado com vendas?

— Claro. Digamos que o senhor quer aumentar suas vendas. O senhor poderia escrever seu objetivo da seguinte maneira: *Este mês estou aumentando mi-*

nhas vendas em 3% e saboreando o reconhecimento e as recompensas que acompanham esse resultado, inclusive mais dinheiro e uma sensação de mais tranquilidade.

— Três por cento não parecem grande coisa — comentou o aspirante a bom vendedor. — Seria um objetivo suficientemente alto?

— Num mês? — perguntou a jovem executiva. — Pense nisso.

O homem pensou, e compreendeu.

— Se eu continuasse a aumentar as vendas em 3% todos os meses, obteria mais de 35% num ano, não?

— Praticamente — concordou a jovem.

— O que é que me diz da *quarta* coisa que faz? — perguntou o vendedor. — A senhora disse que comparava seu comportamento com os seus objetivos. Como faz isso?

— É muito simples. Uso um Calendário de Vendedor-Minuto. — A contadora inclinou-se sobre a mesa e entregou-o ao visitante. — Observe a coluna do lado esquerdo. Note que nela estão listados os negócios que quero fazer e meus objetivos pessoais. No alto da coluna está escrito: *Vinte por cento conseguem 80%.* Agora veja o que está escrito no próprio centro do calendário, todos os meses: *Verifico meus objetivos. Verifico meu comportamento (por exemplo, os encontros marcados). Verifico se minha conduta se ajusta a meus objetivos.*

— Isso parece fantástico — disse entusiasmado o vendedor. — Poderia ser uma grande ajuda.

— E é. Mas lembre-se — avisou ela —, o calendário só funcionará se o senhor *usá-lo*.

O homem sorriu e respondeu:

— O que é verdade em tudo, não? Sabemos um bocado de coisas mas nem sempre *usamos* o que sabemos.

A bem-sucedida mulher retrucou, por sua vez:

— Aí é que está a beleza do Sistema de Vendas-Minuto. Lembra-me do que eu já sei que funciona, com os outros e comigo mesma.

— E é tão simples que posso *usá-lo*, também.

— Nunca pensei que poderia me sair bem em vendas — continuou Carolyn Stafford. — Mas sabendo como fazer algo tão simples quanto usar diariamente esse poderoso sistema de fixação de Objetivos-Minuto, estou começando a achar que posso fazer quase qualquer coisa.

— Graças à senhora — disse o aspirante a bom vendedor — e a todos os outros Vendedores-Minuto, estou começando a pensar que eu, também, posso fazer isso.

Antes de sair para um encontro com Leon Williams naquela mesma tarde, o visitante anotou o que aprendera, como se já estivesse colocando tudo aquilo em prática.

Meus Objetivos de Venda: Um resumo

Os Objetivos-Minuto funcionam bem quando eu:

1. Focalizo apenas o que é importante — os 20% do que faço (meus objetivos-chave) que me proporcionam 80% dos resultados.

2. Escrevo, numa única folha de papel, em 250 palavras ou menos, meus principais objetivos de venda — *especificamente* o que quero e como é bom ter o que quero — usando a primeira pessoa, tempo presente, de modo a me sentir já realizando meus objetivos. *Estou fazendo... estou sentindo...*

3. Freqüentemente, dedico um minuto para ler e reler meus objetivos, sabendo que a repetição levará à mudança.

4. De vez em quando, analiso meus objetivos e em seguida verifico meu comportamento (como, por exemplo, encontros marcados). Procuro ver se o comportamento se ajusta aos objetivos.

Lembro a mim mesmo que *quanto mais* fizer isso, mais conseguirei — por mim mesmo — atingir meus objetivos de venda e conseguir o que quero: sentir-me bem com o que faço e comigo mesmo.

Meus Objetivos-Minuto constituem a primeira de três partes no Plano Geral de Jogo de Venda para Mim Mesmo.

Breve resumo do

"PLANO DE JOGO" DO VENDEDOR-MINUTO
A Maneira Mais Rápida de Conseguir Mais Vendas com Menos *Stress*

COMEÇO
com
MEU PROPÓSITO
Ajudo as pessoas a conseguir o que <u>elas</u> querem — logo!

↓

VENDENDO PARA MIM MESMO

↓

Meus Objetivos-Minuto

- Em 250 palavras ou menos, numa única folha de papel, anoto meus objetivos como se eles já estivessem realizados.
- Leio-os/releio-os em apenas um minuto.
- Em todas as ocasiões em que releio meus objetivos, vejo-os como já atingidos.

Objetivos (mesmo parcialmente) atingidos

GANHO

-
-
-
-
-

Objetivos não-atingidos
(revisão de objetivos)

PERCO

-
-
-
-
-

— REALMENTE — disse Leon Williams pouco depois de receber o aspirante a bom vendedor — muitos gerentes de venda interessam-se por vendedores que demonstram determinação e perseverança como parte de seu estilo de trabalho. Mas só os melhores sabem de onde vêm essas qualidades.

— E de onde é que elas vêm? — quis saber o visitante.

— De dentro do vendedor — respondeu o bem-sucedido Williams. — É essa a razão da autonomia. Não simplesmente ajudá-lo a usar bem o seu tempo, embora isso seja importante, mas mostrar o que de melhor há na pessoa, por si mesma. O bom é que é muito mais fácil fazer isso do que a maioria das pessoas pensa, e leva apenas um minuto.

— Como é que o senhor faz isso? — perguntou o vendedor.

— Em primeiro lugar, deixe-me lhe dar uma idéia geral. O sistema de autonomia, de autodireção, baseia-se no seguinte: *objetivos geram comportamento. Conseqüências mantêm o comportamento.*

— Eu sei o que são os Objetivos-Minuto — disse o visitante.

— Por mais poderosos que sejam os objetivos — observou Williams —, vou-lhe contar algo que é ainda mais poderoso.

O visitante tirou a caderneta do bolso.

— A Venda Autodirigida — continuou Williams — baseia-se no fato óbvio de que pessoas que se sentem satisfeitas consigo mesmas produzem bons resultados de vendas.

— Eu sei que isso é verdade no meu caso — reconheceu o visitante. — Quanto mais satisfeito me sinto comigo mesmo, melhor eu trabalho.

— O senhor e todo mundo mais neste planeta — corrigiu-o Williams. — O *segundo* segredo da autodireção... — começou ele...

Nesse exato momento, o visitante notou a placa que havia em cima da escrivaninha de Leon Williams. Dizia:

*

*Consigo atingir
meus objetivos de venda

quando me surpreendo
fazendo alguma coisa
CERTA!*

*

No princípio, o visitante riu, mas depois pensou um pouco e disse:

— Lamento dizer que passo tempo demais flagrando-me fazendo coisas erradas. Pensar no que poderia ter dito durante a venda mas não disse, ou que deveria estar fazendo mais visitas de sondagens, ou...

Williams interrompeu-o:

— O senhor é um bocado parecido com os outros vendedores, não?

Ambos sorriram.

— O que é que o senhor faz quando se surpreende fazendo alguma coisa certa?

O bem-sucedido vendedor respondeu:

— Esse é o segundo segredo da Venda Autodirigida. De vez em quando, faço a mim mesmo um *Elogio-Minuto*.

— Um o quê? — perguntou o visitante.

— É muito simples... — começou Williams.

A essa altura, o visitante já se acostumara a ouvir este tipo de palavras.

— Tenho certeza que sim — disse com um sorriso. — Pode me dizer como é que faz isso?

— Certamente — retrucou o vitorioso vendedor — se o senhor compreender...

— Eu sei — interrompeu-o o visitante —, se eu compreender que essa é a sua maneira e que a minha pode ser um pouco diferente. Todos nós precisamos aprender como vender de acordo com nosso próprio estilo, de um modo que faça sentido para nós.

Williams riu e observou:

— Estou vendo que o senhor andou conversando com outros Vendedores-Minuto. Isso é ótimo. E certo. Use os princípios da maneira que julgar conveniente.

— É o que vou fazer — prometeu o visitante. — Poderia me dizer quais são os princípios do Elogio-Minuto?

— A principal coisa que faço — começou Williams — é procurar identificar, muitas vezes durante o dia, as coisas que faço que me ajudam a vender mais, com menos *stress*. Quando noto alguma coisa que estou fazendo certo, como dar um telefonema de sondagem ou escrever uma carta de acompanhamento de vendas, paro por um momento e reservo um minuto para me elogiar. Passo mais ou menos o primeiro meio minuto observando meu *comportamento* e a outra metade analisando o meu *ser*, o meu *eu*. Logo que reconheço que fiz alguma coisa de que gosto, digo especificamente a mim mesmo o que foi que fiz de certo. Depois, digo a mim mesmo como me sinto bem com o que acabei de fazer, mesmo que seja algo que a outra pessoa pareça insignificante. Se gosto dela, gosto mesmo! Em seguida, passo alguns minutos em silêncio, o que me parece um bocado de tempo, a fim de *sentir* como me sinto bem com o que fiz. Nesse sentimento resume-se tudo. Não quero simplesmente pensar no que fiz, quero me *sentir bem* a respeito do que fiz. É aí que reside o poder: no sentimento! Em seguida, no meio minuto seguinte (depois de ter pensado em meu *bom comportamento*) penso no *meu bom eu*: na melhor parte daquele que sinto que sou. Lembro a mim mesmo que sou uma boa pessoa. E que mesmo com minhas falhas humanas eu basicamente gosto de quem *sou*.

Williams riu e continuou:

— Estou realmente satisfeito porque o Vendedor-Minuto me ensinou essas coisas sobre os Elogios-Minuto. Não só me sinto melhor, como estou ganhando muito mais dinheiro!

O visitante riu também e em seguida resumiu os Elogios-Minuto, dos quais pretendia fazer uso:

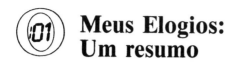

Meus Elogios: Um resumo

O Elogio-Minuto funciona bem comigo porque reservo um minuto para me divertir um pouco, de vez em quando, e manifestar a mim mesmo "reconhecimento pelas vendas que realizo".

a primeira metade do elogio

1. Surpreendo-me fazendo alguma coisa *certa*!
2. Não espero até fazer alguma coisa inteiramente certa — como efetuar uma venda. Vou em frente e me "curto" por fazer alguma coisa *aproximadamente certa*.
3. *Especificamente*, conto a mim mesmo o que foi que *fiz*.
4. Digo a mim mesmo como me *sinto bem* com o que fiz.
5. Paro por alguns segundos para sorrir e realmente *sentir* como me sinto bem.

a segunda metade do elogio

6. Lembro a mim mesmo que sou uma pessoa de valor e que gosto *de mim*, do meu eu. Deixo-me sentir isso.
7. Digo a mim mesmo para fazer isso com mais freqüência, porque sei que, quando me sinto melhor comigo mesmo, obtenho melhores resultados em minhas vendas.

Meus Elogios-Minuto constituem a segunda parte do Plano Geral de Venda Para Mim Mesmo.

Breve resumo do

"PLANO DE JOGO" DO VENDEDOR-MINUTO
A Maneira Mais Rápida de Conseguir Mais Vendas com Menos *Stress*

COMEÇO
com
MEU PROPÓSITO
Ajudo as pessoas a conseguir o que <u>elas</u> querem — logo!

↓

VENDENDO PARA MIM MESMO

↓

Meus Objetivos-Minuto

- Em 250 palavras ou menos, numa única folha de papel, anoto meus objetivos como se eles já estivessem realizados.
- Leio-os/releio-os em apenas um minuto.
- Em todas as ocasiões em que releio meus objetivos, vejo-os como já atingidos

Objetivos (mesmo parcialmente) atingidos

GANHO

Meus Elogios-Minuto

- Freqüentemente, reservo um minuto para manifestar a mim mesmo "reconhecimento pelas vendas que faço".
- Surpreendo-me fazendo alguma coisa certa (ou aproximadamente certa).
- Rio e conto com prazer a mim mesmo o que fiz e como me sinto bem a esse respeito.
- Reservo tempo para SENTIR como é bom me sentir bem com o que fiz.
- Estimulo-me a fazer a mesma coisa novamente.

Objetivos não-atingidos
(revisão de objetivos)

PERCO

-
-
-
-
-

"**T**ÃO POUCO tempo", pensou o candidato a bom vendedor. "É preciso tão pouco tempo para fazer algo tão importante como me surpreender fazendo alguma coisa certa! Passei também muito pouco tempo com o Sr. Williams, mas aprendi algo que poderá durar a vida inteira."

Já começara a se surpreender fazendo alguma coisa certa. Gostou da sensação de confiança e energia que o invadiu.

Mas tinha ainda algumas dúvidas sobre a Venda-Minuto — aliás sobre tudo aquilo que precisava de apenas um minuto. Quanto mais reservava um minuto para *fazer* o que estava aprendendo, porém, mais impressionado ficava.

"Mas o que é que o Vendedor-Minuto faz quando não se sente feliz com seu comportamento de vendas?", perguntou a si mesmo.

Mas logo que conheceu seu sétimo vendedor bem-sucedido, uma moça chamada Cheryl Bartel, obteve a resposta.

— É nessa ocasião que você conhece o terceiro segredo da Venda Autodirigida — disse ela. — Nós o conhecemos como *A Repreensão-Minuto*.

O visitante sorriu e disse:

— Entendi. Vamos ver se eu mesmo descubro o que é.

Cheryl observou a confiança do visitante e teve certeza de que parte dela tinha origem no que ele estivera aprendendo nos últimos dias. Sentira a mesma confiança logo depois de aprender um sistema de vendas no qual podia acreditar, e ainda mais facilmente usar.

— Acho que — disse o visitante — quando a pessoa faz alguma coisa errada ela reserva um minuto para se repreender. É isso? — perguntou.

— Não, não é. — Ela entregou-lhe uma placa, onde estava escrito o seguinte:

*

*Sempre que acho meu
comportamento de
vendas inaceitável,*

*reservo um minuto para repreender
meu comportamento*

*e elogiar o meu ser
(meu eu).*

*

— Note a diferença — sugeriu ela — entre o que o senhor disse e o que lhe mostrei.

Enquanto o visitante pensava nessas palavras, a bem-sucedida mulher lembrava-se do tempo em que estivera aprendendo o que era a Venda-Minuto. Ela mesma caíra nesta armadilha em que ele acabava de mergulhar. "Como nós todos somos parecidos", pensou.

A fim de ajudar o visitante, perguntou:

— Lembra-se do que o Vendedor-Minuto disse sobre o que as pessoas realmente compram? Que não compram nosso serviço, produto ou idéia, mas a *boa* sensação que acham que *terão* quando os estiverem usando?

— Sim — reconheceu ele —, lembro-me especialmente da parte a respeito de comprarem o sentimento que querem ter.

— Bem, *sentir-se bem* é a chave para o que todos queremos, inclusive sentir-nos bem conosco. Assim, quando aplicar a si mesmo uma Repreensão-Minuto, lembre-se das duas coisas, se quer realmente melhorar seu comportamento.

— Sentir-nos mal a respeito de nosso comportamento e bem a respeito de nós mesmos.

— Nunca repreendemos nosso *ser*. Repreendemos apenas nosso comportamento. E há outra importante diferença: seu comportamento não é "mau". Isso implicaria ser crítico e duro demais consigo mesmo. Mau aos olhos de quem? Quer que alguém mais dirija sua vida? — perguntou. — Ou o senhor mesmo quer dirigi-la?

— Eu mesmo preferia fazer isso — concordou o visitante. — Foi um dos motivos por que escolhi o ramo de vendas. Gosto da liberdade que ele traz.

— Eu também — assentiu ela. — E com a liberdade chega a responsabilidade, para conosco e para com aqueles que dependem de nós, como a nossa empresa e os nossos clientes. Se quer dirigir sua vida, o senhor tem, em primeiro lugar, que compreender que seu comportamento não é mau. É simplesmente "inaceitável" para o senhor. Porque *o senhor* sente que ele está interferindo prejudicialmente no que quer: vender mais com menos *stress*. O que o senhor acha que deve fazer primeiro quando faz alguma coisa inaceitável?

O homem pensou por alguns momentos e finalmente viu o que lhe pareceu então óbvio:

— A primeira coisa é tornar-me consciente de meu próprio comportamento inaceitável. *Vê-lo* — esclareceu.

— Excelente — concordou ela. — E depois?

A bem-sucedida vendedora fez ao visitante uma série de perguntas que o levaram finalmente a encontrar suas próprias respostas.

Logo ele disse:

— Sabe de uma coisa, à medida que mais aprendo a respeito de Venda Autodirigida compreendo que vendemos a nós mesmos a partir de nós mesmos, e é em grande parte como vendemos nossos serviços, produtos e idéias aos outros.

— Claro que é — disse Cheryl.

O homem escreveu o que ouviu e o que pensou enquanto escutava a bem-sucedida vendedora. Mais uma vez, fez suas anotações como se estivesse aplicando a si mesmo a Repreensão-Minuto e saboreando os benefícios.

Minhas Repreensões: Um resumo

A Repreensão-Minuto funciona bem quando me lembro de meu propósito, e quando observo que me afasto dela, repreendo meu comportamento e elogio meu ser.

a primeira metade da repreensão

1. Reconheço que mereço me comportar de uma maneira que me ajude a vender mais com menos *stress*.
2. *Logo* que noto que meu comportamento de vendas é inaceitável para mim, repreendo meu comportamento.
3. Conto a mim mesmo o que fiz de *errado*. Sou *específico*.
4. Digo a mim mesmo como me *sinto* a respeito do que fiz.
5. Reservo alguns tranqüilos momentos de silêncio para me permitir *sentir* como me sinto a respeito do comportamento que me é inaceitável.

a segunda metade da repreensão

6. Lembro a mim mesmo que, obviamente, eu não *sou* meu recente comportamento de vendas.
7. Digo a mim mesmo que, embora não goste de meu comportamento, gosto, não obstante, de *mim mesmo*.

8. Lembro a mim mesmo que resolvo mudar meu comportamento quando me *sinto* mal a respeito dele e bem a meu próprio respeito.
9. Compreendo que, quando a represão terminou, terminou mesmo.
10. Rio de meu erro e continuo a gostar de mim e de meu trabalho!

Minha Repreensão-Minuto é a terceira parte do Plano Geral de Jogo de Venda para Mim Mesmo.

Breve resumo do

"PLANO DE JOGO" DO VENDEDOR-MINUTO
A Maneira Mais Rápida de Conseguir Mais Vendas com Menos *Stress*

COMEÇO
com
MEU PROPÓSITO
Ajudo as pessoas a conseguir o que <u>elas</u> querem — logo!

↓

VENDENDO PARA MIM MESMO

↓

Meus Objetivos-Minuto

- Em 250 palavras ou menos, numa única folha de papel, anoto meus objetivos como se eles já estivessem realizados.
- Leio-os/releio-os em apenas um minuto.
- Em todas as ocasiões em que releio meus objetivos, vejo-os como já atingidos.

Objetivos (mesmo parcialmente) atingidos

GANHO

Meus Elogios-Minuto

- Freqüentemente, reservo um minuto para manifestar a mim mesmo "reconhecimento pelas vendas que faço".
- Surpreendo-me fazendo alguma coisa certa (ou aproximadamente certa).
- Rio e conto com prazer a mim mesmo o que fiz e como me sinto bem a esse respeito.
- Reservo tempo para SENTIR como é bom me sentir bem com o que fiz.
- Estimulo-me a fazer novamente a mesma coisa.

Objetivos não-atingidos
(revisão de objetivos)

PERCO

Minhas Repreensões-Minuto

- Repreendo meu comportamento quando ele é inaceitável para mim.
- Especificamente, digo a mim mesmo o que fiz de errado.
- Deixo-me SENTIR como me sinto a respeito do que fiz (ou não fiz).
- Lembro a mim mesmo que não sou o que faço.
- Sou um ser humano de valor e mereço de mim mesmo o melhor comportamento.
- Eu me levanto e encaro meu propósito de cabeça erguida.

O VENDEDOR-MINUTO recebeu o visitante com um caloroso sorriso e um forte aperto de mão.
— Bem, o que foi que o senhor aprendeu?
— Bem, o sistema parece que realmente funciona no seu caso e no caso dos outros — respondeu ele.
— Mas ainda não tenho certeza. Talvez eu pudesse usá-lo com sucesso se compreendesse melhor *por que* funciona.
— Isso acontece com todos nós — concordou o Vendedor-Minuto. — Quanto melhor compreendemos o que fazemos, melhor o fazemos. A Venda-Minuto funciona simplesmente porque é o meio mais fácil e mais rápido para que comprador e vendedor se sintam como querem sentir-se. Compradores querem se sentir bem com o que compraram e consigo mesmos por terem comprado. Analogamente, vendedores querem se sentir bem com o que estão fazendo para ganhar a vida e consigo mesmos.

Deixou que as palavras encontrassem eco e continuou:

— A chave para o sucesso em vendas é acreditar na filosofia de Vender de Propósito. Isto significa acreditar o suficiente para praticar esse princípio diariamente. Lembro-me de que Thomas Watson, fundador e Presidente do Conselho de Administração da IBM, disse que para sobreviver e ter sucesso, empresas e indivíduos precisam de um *conjunto válido de crenças* nas quais possam basear todos os seus atos e políticas. Se queremos enfrentar os desafios de um mundo em mutação, devemos estar prontos para mudar tudo, exceto essas crenças. Ele disse também que a razão mais importante de seu sucesso foi "o respeito pelo indivíduo".

Após uma ligeira pausa, prosseguiu:

— Os Vendedores-Minuto exibem essas duas características, ou seja: crença em seu propósito, *ajudar pessoas a se sentirem bem com o que compram e consigo mesmas por terem comprado*, e respeito pelo indivíduo. A base para este respeito, tanto para o vendedor como para o comprador, é a *integridade* e a *honestidade*.

O experiente vendedor perguntou se o visitante sabia qual era a diferença, e explicou que integridade é, em primeiro lugar, dizer a verdade a si mesmo, e honestidade, ser verdadeiro com as outras pessoas.

— O Vendedor-Minuto age com integridade e honestidade porque esta é a maneira mais rápida de conseguir grandes resultados. O que me lembra — continuou o experiente vendedor — uma história que li a respeito da maneira como a Douglas Aircraft vendeu sua primeira frota de jatos à Eastern Airlines. Donald Douglas estudou engenharia na Academia Naval e no Massachusetts Institute of Technology e lecionou também no MIT. Tendo fundado sua própria companhia, que veio a tornar-se a McDonnell Douglas, queria que a Eastern lhe comprasse sua primeira frota de jatos. Contudo, como qualquer outra pessoa, esse engenheiro precisava ser um bom vendedor para conseguir o que queria.

Notando o vivo interesse do visitante, o Vendedor-Minuto sorriu e deu prosseguimento à história:

— Ele visitou Eddie Rickenbacker, então presidente da Eastern Airlines. Rickenbacker disse-lhe que seu novo DC-8 era competitivo com o Boeing 707, com uma exceção importante: o sistema de supressão de ruído. Como os do Boeing, os motores a jato da Douglas eram barulhentos demais. Douglas teve nesse momento a oportunidade de prometer mais que seu concorrente e, talvez, obter o contrato. Na ocasião, a venda era muito importante para ele.

— O que foi que Douglas fez? — perguntou o visitante.

— Depois de consultar seus engenheiros, ele voltou e disse: "Com toda honestidade, não acho que possa cumprir essa promessa." "Nem eu", respondeu Rickenbacker, "mas estava ansioso para saber se você ainda era honesto comigo." Douglas, na verdade, construíra sua companhia na base de uma reputação de honestidade. Nesse momento, ouviu o que tivera esperança de ouvir: "Você acaba de ganhar um contrato de 165 milhões de dólares. Agora veja o que pode fazer para tornar esses motores menos barulhentos!" Trata-se de um exemplo muito prático — comentou o Vendedor-Minuto. — Demonstra, mais uma vez, que a honestidade é a maneira mais eficiente de ajudar a outra pessoa a comprar. E por falar nisso, como o senhor acha que Douglas se sentiu a respeito de *si mesmo* depois daquela reunião?

— Acho que a auto-estima dele subiu às alturas — disse o visitante.

— Naturalmente, e é a grande auto-estima que alimenta um desempenho excepcional em vendas. O que vende o produto é a crença do vendedor em si mesmo.

— E quando eu tiver uma grande auto-estima — sugeriu o visitante — ela me isolará da inevitável depressão que se segue a uma rejeição. Compreenderei que o cliente está rejeitando temporariamente o que estou vendendo. Mas não minha pessoa. E por isso farei a próxima visita de vendas cheio de energia e confiança. A pessoa que eu visitar então sentirá isso e será bem mais provável que faça negócio comigo.

— E funciona — observou o Vendedor-Minuto — com produtos grandes como aviões ou pequenos como cosméticos, com serviços e com idéias.

O Vendedor-Minuto fez uma pequena pausa e continuou:

— Temos outro exemplo na maior companhia do mundo de venda de cosméticos a domicílio, a Avon, que tem o incrível número de um milhão e quatrocentas mil vendedoras em atividade. Uma das melhores vendedoras, na opinião da Avon, é uma mulher de Minnesota que diz que seus dias mais produtivos são aqueles em que caem tempestades de neve. Em tempo inclemente e por estradas cobertas de gelo, ela visita as clientes, que lhe dizem: "Só você viria num tempo destes." Gostam dela. E compram.

— Em outras palavras, sabem que podem contar com ela! — disse o visitante.

— Exatamente. É essa a questão. Confiam em que ela se lembrará deles e de suas necessidades. Sabem que ela *se interessa*. À medida que vêem o mundo se tornando mais incerto e mais complicado, as pessoas precisam poder contar com outras pessoas. E quando encontram alguém em quem podem confiar, repetem suas compras.

— Estou começando a compreender por que a Venda-Minuto pode, rapidamente, ajudar-me a fazer mais *vendas*. Mas como é que a parte de autodireção da Venda-Minuto me ajuda a reduzir o *stress*?

— Em primeiro lugar, temos que compreender que um pouco de *stress* é, na realidade, útil à pessoa porque aguça sua visão e a estimula. Contudo, o *stress* pessoal em excesso resulta em menos vendas. A Venda Autodirigida reduz de três maneiras o *stress* contraproducente: em primeiro lugar, os Objetivos-Minuto contribuem para reduzir a ansiedade, que é uma das grandes causas do *stress*. A ansiedade é simplesmente o medo do desconhecido. Quando formula seus objetivos e mentalmente os vê como já alcançados de maneira tranquila, confiante, a pessoa reduz as proporções do desconhecido. Ela sabe para onde está indo. É como se tivesse uma lanterna na escuridão.

— Esse seu argumento sobre ver claramente os objetivos lembra-me o caso de um amigo meu que foi a uma agência de automóveis em San Francisco. Ele estava disposto a comprar um carro de grande valor naquela mesma manhã. Ficou à espera no salão de exposições, mas não viu ninguém. Finalmente, deteve um vendedor solitário que passava rapidamente por ele. "Sinto muito", disse o vendedor, "mas estou com muita pressa agora e não posso parar para falar com o senhor." Adivinhe qual foi a razão que ele deu para aquela pressa toda?

O Vendedor-Minuto soltou uma gargalhada e disse:

— Oh, não!

— Adivinhou — sorriu o vendedor. — O vendedor disse: "Estou indo para uma reunião de vendas." Teve oportunidade de fazer uma grande venda com pouquíssimo esforço, mas esqueceu qual era seu objetivo.

Os dois balançaram as cabeças, sabendo como é fácil a um de nós esquecer, em vendas, de fazer as coisas obviamente importantes.

— Como é que os Elogios-Minuto funcionam? — perguntou o visitante.

— Os Elogios-Minuto, depois que a pessoa se surpreende fazendo alguma coisa certa, reduzem o *stress* porque diminuem a fadiga. Quando pensa bem de si mesma, a pessoa se dá um empurrão mental. Literalmente, revigora-se. Quanto mais se elogia honestamente, menos *stress* sente a pessoa. Já a Repreensão-Minuto contribui para mais vendas com menos *stress* porque o ajuda a eliminar seu próprio comportamento obstrutivo. Não há nada mais exaustivo que saltar por cima de obstáculos que nós mesmos sempre criamos. Quando nos recusamos a tolerar tal comportamento, livramo-nos de uma grande fonte de *stress*. E, claro, quando se repreende pelo comportamento mas elogia o melhor de si mesmo, o indivíduo se fortalece. Recomeça, retemperado. É assim que a parte de autodireção, "Vendendo para Mim Mesmo", reduz o *stress*. A outra parte, "Vendendo aos Outros", faz isso de maneira ainda mais fácil. Quando Vende de Propósito — continuou o Vendedor-Minuto —, o indivíduo não nada contra a corrente, combatendo o poder da realidade. Compreende que não controla a pessoa e que nunca controlou. A única coisa que pode fazer é influenciar. Quanto mais deixamos que a outra pessoa resolva o que é importante para ela e relacionamos o que temos com o que *ela* quer sentir, sobre o que comprou e sobre si mesma, mais facilmente vendemos. Na verdade, *não fazemos a venda*. É ela quem *faz*.

— Então é por isso que o senhor dá tão pouca importância ao fechamento da venda?

— Exatamente. O fechamento torna-se necessário quando se tenta obrigar pessoas a fazer o que elas, basicamente, não querem fazer. É nesse momento que alguns vendedores começam a pressionar.

— Acho que foi nesse ponto que os vendedores adquiriram má fama.

— Claro — concordou o Vendedor-Minuto. —

Mas, pior do que isso, era desnecessariamente cansativo para os vendedores. Eles não tinham que trabalhar tanto. Precisavam simplesmente investir alguns minutos decisivos para descobrir o que a outra pessoa queria.

— Isso se parece com alguns dos melhores anúncios que vi sobre computadores pessoais — sugeriu o candidato a bom vendedor. — Mostram eles uma pessoa cansada, que não usa um computador, ficando até tarde no escritório, a fim de acabar o trabalho do dia. Em seguida, projetam uma pessoa descansada, deixando o escritório dentro do horário, com todo o trabalho feito, esperando com prazer momentos agradáveis naquela noite. Os anúncios não vendiam um produto, mas o que a pessoa realmente queria.

— O que foi que esses anúncios lhe disseram sobre o que as pessoas querem?

— Disseram-me que elas compram um computador pessoal não porque queiram possuir um equipamento, mas porque querem ter mais tempo para relaxar e gozar mais a vida.

— Exatamente. E como o senhor pensa que isso se relaciona com o motivo por que a Venda-Minuto funciona tão bem com vendedores?

O visitante pensou durante um momento, antes de responder:

— Acho que pelo fato de que as coisas realmente importantes que fazemos em vendas precisam de apenas um minuto. Se simplesmente investirmos bem esse importante minuto, teremos mais sucesso e tempo extra para gozá-lo. Quando separamos um minuto — continuou — para praticar o que sabemos sobre os brilhantes rudimentos da venda, vendemos mais, mais rapidamente e com menos *stress*. Sentimo-nos mais repousados e podemos aproveitar o tempo que deixamos para nós mesmos.

— Agora o senhor realmente compreendeu! A Venda-Minuto não é perfeita e nem soluciona sempre todos os nossos problemas de vendas. Mas o importante é que funciona. Compreenda — acrescentou o Vendedor-Minuto — que o senhor lembrou-se daquele anúncio eficiente porque há muito tempo vem pensando no que realmente funciona. O senhor sabe o que funciona. Simplesmente, deixou que saísse de foco o que sabe. Se se lembrar de Vender de Propósito e de usar regularmente os poucos e brilhantes rudimentos da venda, experimentará mais uma vez o sucesso que teve antes, e muito mais! Essa é a maneira natural de vender.

O visitante levantou-se, trocou um aperto de mãos com o Vendedor-Minuto e lhe agradeceu pelo tempo e pelos conselhos.

— Vou fazer bom uso do que sei. — Sorriu e acrescentou: — Para o bem do comprador e meu próprio.

Passando-se os meses, o vendedor comum pôs *em uso* o que aprendera, ou melhor, reaprendera sobre o que já sabia.

E o inevitável aconteceu.

ELE se tornou um Vendedor-Minuto.

E aconteceu não apenas porque ele falava como um Vendedor-Minuto, mas porque aprendera uma melhor maneira de pensar e crer — na venda e em si mesmo.
E, mais importante que tudo, porque, ao longo dos anos, com constância e regularidade, deu bom emprego ao que aprendera. O que sabia, *fazia*!
Embora variasse de vez em quando o que fazia concretamente — adaptando novas idéias a novas situações —, partia sempre de bases sólidas. *Vendia de Propósito.*
Sentia-se feliz por ter aprendido aquele segredo de vendas de inapreciável valor, que tornava tudo mais simples e mais agradável para todos e, especialmente, para si mesmo.
Repartia com os outros esses conhecimentos. Criara mesmo um resumo geral de bolso, um Plano de Jogo para aqueles que queriam conhecer o segredo de seu sucesso.
Sabia muito bem que quanto mais compartilhasse seu sucesso com os outros, mais sucesso *ele* teria.

Breve resumo do

"PLANO DE JOGO" DO
A Maneira Mais Rápida de Conseguir

COMEÇO
com
→ **MEU PROPÓSITO** ←

Ajudar as pessoas a desenvolver os sentimentos que <u>elas</u> querem — logo!

VENDENDO AOS OUTROS

Antes da Venda

- Em primeiro lugar, vejo as pessoas desenvolvendo os sentimentos que ELAS querem. Depois, vejo-me conseguindo o que eu quero.
- Estudo as características e vantagens daquilo que vendo — minuciosamente e com freqüência.
- Vejo os benefícios daquilo que vendo, ajudando realmente as pessoas a desenvolver os sentimentos que querem.

Durante a Venda

- Vendo da maneira que eu e as outras pessoas gostamos de comprar. Invisto tempo como PESSOA.
- Faço perguntas do tipo "ter" e "querer".
- A diferença é o problema.
- Escuto e repito o que ouvi.
- Honestamente, relaciono meu serviço, produto ou idéia apenas com o que <u>a outra pessoa</u> quer ouvir.
- A outra pessoa fecha a venda quando percebe que consegue o máximo de serviço com o mínimo de risco pessoal.

Após a Venda

- Habitualmente, faço o acompanhamento da venda a fim de me certificar de que a pessoa se sente bem em possuir aquilo que me comprou.
- Se há problema, ajudo-a a solucioná-lo — e assim fortaleço nosso relacionamento.
- Quando acho que ela se sente bem com o que comprou, peço recomendações <u>produtivas</u>.

VENDEDOR-MINUTO
Mais Vendas com Menos *Stress*

VENDENDO PARA MIM MESMO
Meus Objetivos-Minuto

- Em 250 palavras ou menos, numa única folha de papel, anoto meus objetivos como se eles já estivessem realizados.
- Leio-os/releio-os em apenas um minuto.
- Em todas as ocasiões em que releio meus objetivos, vejo-os como já atingidos.

Objetivos (mesmo parcialmente) atingidos

GANHO

Meus Elogios-Minuto

- Freqüentemente, reservo um minuto para manifestar a mim mesmo "reconhecimento pelas vendas que faço".
- Surpreendo-me fazendo alguma coisa certa (ou aproximadamente certa).
- Rio e conto com prazer a mim mesmo o que fiz e como me sinto bem a esse respeito.
- Reservo tempo para SENTIR como é bom me sentir bem com o que fiz.
- Estimulo-me a fazer novamente a mesma coisa.

Objetivos não-atingidos
(revisão de objetivos)

PERCO

Minhas Repreensões-Minuto

- Repreendo meu comportamento quando ele me é inaceitável.
- Especificamente, digo a mim mesmo o que fiz de errado.
- Deixo-me SENTIR como me sinto a respeito do que fiz (ou não fiz).
- Sou um ser humano de valor e mereço de mim mesmo o melhor comportamento.
- Eu me levanto e encaro meu propósito de cabeça erguida.

Muitos anos depois, o antigo candidato a bom vendedor recordou a ocasião em que, pela primeira vez, ouvira falar na Venda-Minuto.

Desde aquela época, experimentava o sucesso pessoal e financeiro que almejara. E lhe haviam reconhecido o valor com grande número de prêmios e promoções.

Ele, na verdade, tornara-se muito parecido com seu antigo mestre.

Sentia-se especialmente satisfeito por haver tomado notas durante seu aprendizado com o primeiro Vendedor-Minuto e seus seguidores.

Podia tirar cópias do texto e, com mais eficiência, compartilhar, com vendedores novos e veteranos, seus conhecimentos dos segredos de venda.

Em seu papel de gerente de vendas, essa orientação lhe poupava tempo.

E deixava que seus subordinados lessem e relessem o texto no ritmo de cada um e com a freqüência que *eles* julgassem proveitosa. Conhecia muito bem a vantagem prática da repetição no aprendizado de tudo o que é novo.

Depois de lido o texto pelo pessoal de sua empresa, oferecera-se para reuniões, discussões e seminários de trabalho com a finalidade de ajudá-los a pôr em uso os princípios aprendidos.

Era sumamente encorajador observar a rapidez com que pessoas pensavam em maneiras próprias de Vender de Propósito — como construíam na base do valor da confiança e do serviço e colocavam *em prática* os brilhantes princípios fundamentais da venda.

Mais estimulante que tudo, porém, era ver com que rapidez eles aumentavam suas vendas.

À medida que muitos de seus vendedores e vendedoras se tornavam sucessos autodirigidos, o novo Vendedor-Minuto dispunha de mais tempo livre.

E quanto mais prosperavam seus subordinados, mais ele prosperava "As pessoas que trabalharam para mim fizeram com que me sentisse um gerente competente", concluiu, enquanto refletia sobre o que era o sucesso.

Mas, então, lembrou-se do que sempre soubera. "As pessoas não trabalham para ninguém. Elas trabalham para *si mesmas*."

O Sistema de Venda-Minuto era, simplesmente, uma maneira de as pessoas cuidarem bem de si mesmas — da pessoa que compra à pessoa que vende e desta para a pessoa que dirige tudo.

Mas talvez o que mais agradasse ao novo Vendedor-Minuto fosse saber que não experimentava mais o *stress* emocional e físico a que outras pessoas se sujeitavam.

Ele vivia e trabalhava com um Propósito.

E sabia que numerosas pessoas que trabalhavam sob suas ordens desfrutavam dos mesmos benefícios.

Era menor, em sua companhia, a dispendiosa rotatividade de pessoal, como menores também eram o número de licenças por doenças e o absenteísmo. Os benefícios eram significativos.

Sentia-se capaz de lidar com o presente e bem preparado para enfrentar o futuro.

O TELEFONE tocou então, trazendo-o bruscamente de volta ao presente.

Uma moça apresentou-se ao telefone. Disse que era uma vendedora novata.

— Sei que tenho muito que aprender — reconheceu ela. — Mas gostaria de aprender com o melhor. Posso ir até seu escritório conversar com o senhor?

O novo Vendedor-Minuto sorriu.

Era bom sentir-se em sua situação. Ele certamente aprendera a fazer mais vendas com menos *stress*. Na verdade, era um dos profissionais mais bem-sucedidos em seu campo de atividade. E sentia-se feliz.

Agora, dispunha de tempo à vontade.

— Claro que pode vir conversar comigo — respondeu.

Logo que a jovem chegou, ele iniciou a conversa.

— É com prazer que compartilho com você meus segredos de venda. Só lhe faço um pedido.

— Que pedido? — perguntou a visitante.

— Simplesmente — começou o Vendedor-Minuto — que...

...compartilhe com os outros tudo o que aprender.

Agradecimentos

Gostaríamos de homenagear aqui as numerosas pessoas que tornaram este livro melhor, incluindo:

Peter Althouse, da P.K. Althouse Development, pelo que nos ensinou sobre integridade financeira.

Dr. Kenneth Blanchard, co-autor de *O Gerente-Minuto*, por sua sabedoria e apoio.

Os Vice-Presidentes de Marketing e Vendas, Diretores Nacionais de Vendas e Vendedores das "500 Maiores Empresas", da revista *Fortune*, e as empresas menores e organizações de interesse geral da nação, por terem lido o nosso manuscrito e contribuído com sugestões.

William Gove, pela contínua assistência em vendas.

Gerald Nelson, M.D., por ter criado o conceito de Repreensão-Minuto.

Abraham Maslow e Carl Rogers, pelo que eles e seus trabalhos nos ensinaram a respeito do que as pessoas querem.

Margaret McBride, por vender com integridade.

The Wilson Learning Corporation, especialmente a força de vendas, o departamento de mercado/pesquisa, e o departamento de desenvolvimento de produto, pelas experiências individuais e idéias práticas que injetaram neste livro e por terem ajudado a criar melhores programas de treinamento em vendas para as empresas.

William Morrow and Company, nossos editores, especialmente Pat Golbitz e, claro, os maravilhosos vendedores da Morrow!

Os compradores — literalmente, milhares de compradores — por terem preenchido nossos questionários de vendas nestes últimos anos e por nos terem dito como gostavam de comprar e o que realmente queriam encontrar no vendedor.

Sobre os Autores

SPENCER JOHNSON, M.D., é um dos mais conhecidos conferencistas, consultores e escritores dos Estados Unidos. Ajuda pessoas a prosperarem desenvolvendo uma comunicação sadia consigo mesmas e com os outros.

O Dr. Johnson é autor de mais de uma dúzia de livros de medicina, psicologia e administração, incluindo o grande *bestseller O Gerente-Minuto*. Mais de sete milhões de exemplares de seus livros já foram vendidos, e tem obras traduzidas em 24 idiomas.

Leva a ciência médica ao conhecimento do público, proferindo palestras perante grupos como a Associação dos Banqueiros Americanos, a AT&T, a IBM, e em entrevistas concedidas a meios de divulgação nacional.

Possui diplomas de psicologia da Universidade do Sul da Califórnia, de medicina do Real Colégio de Cirurgiões da Irlanda, e certificados de estágios na Clínica Mayo e na Escola de Medicina de Harvard.

O Dr. Johnson é Presidente do Conselho de Administração da Candle Communications Corporation, empresa que desenvolve idéias sobre comunicação em forma de fitas gravadas, vídeo-teipes e programas de computador para treinamento em administração.

Reside em La Jolla, Califórnia.

LARRY WILSON, educador, empresário e vendedor notável, tornou-se, com a idade de 29 anos, o mais jovem membro vitalício da "Mesa-Redonda do Milhão de Dólares". Desde meados da década de 60, é conhecido como conferencista eminente em todo o país pelo seu trabalho sobre vendas e desenvolvimento pessoal, ao mesmo tempo tornando sua companhia de treinamento em vendas uma das mais importantes nesses campos.

Atualmente, em associação com a Universidade de Minnesota, Wilson dirige um consórcio de aprendizagem formado por universidades e empresas e está construindo um centro de conferências para abrigar esse consórcio em sua fazenda, situada nas proximidades de Santa Fé, Novo México. Em reconhecimento por suas contribuições para a aprendizagem, foi contemplado em maio de 1984 com o título de *Senior Fellow* e membro do corpo docente da Faculdade de Educação da Universidade de Minnesota.

Larry Wilson é Presidente do Conselho de Administração da Wilson Learning, empresa que treina anualmente cerca de 185.000 vendedores, homens e mulheres, e que contribuiu com liderança executiva para centenas de companhias em todo o mundo. A Wilson Learning, que hoje tem entre seus cursos um Seminário do Vendedor-Minuto, é uma das principais firmas na promoção de programas de treinamento em áudio e vídeo para empresas.

VOCÊ ACHOU UM TESOURO!

Em 1976, aos 52 anos, Og Mandino surpreendeu a indústria editorial norte-americana ao deixar a presidência da famosa revista *Success Unlimited* para se dedicar em tempo integral à carreira de escritor e conferencista. A surpresa durou pouco, porque ele logo se tornou um exemplo de sucesso, tanto como conferencista — é um dos mais solicitados nos EUA — quanto como escritor: seus livros são bestsellers em todo o mundo, com vários milhões de leitores.

Og Mandino é, sem sombra de dúvida, o mais inspirado — e o mais lido — escritor sobre iniciativa e esforços pessoais nas últimas décadas. O segredo para alcançar tão extraordinário sucesso consiste em apresentar a vida nos termos mais claros e simples: verdade, sinceridade e fé. Seus milhões de leitores não tiveram dificuldade em perceber a espiritualidade revelada em cada página através da mensagem de que a vida é um dom maravilhoso e é preciso vivê-la em toda a sua plenitude — e não existe tesouro mais precioso do que nossa própria vida. Og Mandino ensina você a tirar o maior proveito dela.

Agora que achou o tesouro, não o deixe escapar!

O MAIOR VENDEDOR DO MUNDO
112 págs. — Ref.: 013557

"Um dos livros mais inspiradores, mais interessantes e mais úteis que já li." — **Norman Vincent Peale**

Og Mandino conta a história de um vendedor na época de Cristo e, através de interessantes episódios, ensina muito mais que as melhores técnicas de vendas. Ensina também que satisfação e bem-estar são resultado do encontro do homem com sua verdadeira personalidade e suas verdadeiras emoções, e que a conseqüência lógica da utilização deste encontro na vida diária é a conquista de tudo o que se deseja. Este livro tem sido um sucesso em todo o mundo e não é à toa que grandes empresas como a Coca-Cola e a Volkswagen compraram milhares de exemplares!

Robert B. Hensley, executivo de uma importante companhia de seguros nos EUA, afirmou: "É, sem dúvida, a maior e mais tocante história que jamais li. É tão bom O MAIOR VENDEDOR DO MUNDO que há dois deveres que eu vincularia a ele: primeiro, não se deve deixá-lo antes de terminar; e, segundo, todas as pessoas que vendem alguma coisa — e isto inclui todos nós — devem lê-lo."

O MAIOR MILAGRE DO MUNDO
144 págs. — Ref.: 013573

Onde termina o *vendedor* começa o *milagre*. Paul J. Meyer, alto executivo norte-americano, comentou: "Tenha ou não lido a obra-prima anterior de Mandino, O MAIOR VENDEDOR DO MUNDO, o leitor só terá a ganhar, e muito, conhecendo este novo livro genial. É impossível que alguém deixe de se impressionar com a influência de Simon Peter, o místico apanhador de papéis, que trará profundas transformações na vida de quantos lerem O MAIOR MILAGRE DO MUNDO."

Conta sobre um homem que se encontra — pessoalmente — com Deus, e só descobre isso mais tarde. Você vai se emocionar com esta história fantástica e inspiradora de Og Mandino, que revela a você horizontes de segurança, felicidade e realização pessoal abertos pelo MAIOR VENDEDOR DO MUNDO e inclui um extraordinário bilhete de Deus dirigido a você.

O MAIOR SEGREDO DO MUNDO
176 págs. — Ref.: 013565

Muitos autores escreveram sobre a felicidade, a sinceridade, a verdade, o amor e a fé de uma forma teórica, que encanta os leitores, mas os leva ao fracasso quando tentam pôr em prática seus ensinamentos. O MAIOR SEGREDO DO MUNDO é diferente, e é diferente porque funciona! Nele se encontra a chave para você ultrapassar a barreira do espiritual, da retórica, e chegar ao plano prático.

Og Mandino afirma que "você é o maior milagre da Natureza", e mostra como agir para alcançar a transformação pessoal que você quer e que foi proposta em O MAIOR VENDEDOR DO MUNDO e O MAIOR MILAGRE DO MUNDO.

Este manual prático é extraordinário e tem aberto a milhões de leitores as portas de um mundo de felicidade pessoal e realizações duradouras, o que é comprovado pela volumosa correspondência dirigida ao autor.

Leia este livro e saiba como obter sucesso em sua vida pessoal. Ele inclui ainda um Marcador de Sucessos e os Dez Pergaminhos de Ouro encontrados pelo VENDEDOR.

A RESSURREIÇÃO DE CRISTO
272 págs. — Ref.: 017400

Este livro é um desafio.

Og Mandino demorou alguns anos para escrevê-lo e, confessa, abandonou o manuscrito várias vezes, pois não se achava à altura da tarefa. Felizmente, depois de deixar o cargo de presidente da revista *Success Unlimited*, conseguiu concluir esta verdadeira obra-prima, que emociona a todos que a lêem.

O livro conta a história de um escritor de romances de mistério que investigava a verdade sobre a Ressurreição de Cristo. Não conseguia terminar a tarefa pois faltavam dados fundamentais na pesquisa e, o mais grave, começava a duvidar se tinha havido realmente uma ressurreição. Corajosamente, admitiu seus temores durante uma entrevista na TV e afirmou que, se pudesse voltar no tempo, iria se empenhar com todas as forças e habilidades de investigador para descobrir a verdade.

Extraordinariamente, naquela mesma noite, o escritor teve seu desejo atendido e se viu transportado para a antiga Jerusalém, entre os inimigos e seguidores de Jesus, e pôde desvendar o mistério que tanto o intrigava. A conclusão a que chegou é espantosa e comovente — e você não conseguirá largar este livro antes de chegar ao final.

Com Buddy Kaye
O MAIOR PRESENTE DO MUNDO
128 págs. — Ref.: 015081

"Que bela história. Faz-nos lembrar de novo coisas que estão guardadas bem dentro de nossos corações, mas que teimamos em esquecer." — Jesse Lair

Este é um livro para quem acredita em milagres, afirma Og Mandino. Conta a história de Tulo Mattis, que viveu num mundo gelado e inóspito e pertencia a um povo praticamente desconhecido. Tulo levava uma vida árdua, mas feliz, no meio de sua gente. Bruscamente, porém, a tragédia se abateu sobre ele, levando-o ao desespero, à desilusão, à perda da confiança em si mesmo e, o que era pior para ele, à renúncia ao excepcional talento como escritor.

Mas, quando tudo parecia perdido, um milagre acontece. O milagre é uma pequena estrela, chamada Acabar, que fala com Tulo e, em meio àqueles estranhos e maravilhosos acontecimentos, durante um longo e frio inverno ártico e uma tempestade de neve interminável, a vida de Tulo e de seu povo muda totalmente.

Og Mandino escreveu esta emocionante história com Buddy Kaye, famoso compositor norte-americano. Uma história simples para ser amada e lembrada, uma lição de amor e abnegação num mundo conturbado pelas ambições, por egoísmo e vaidade.

A UNIVERSIDADE DO SUCESSO
568 págs. — Ref.: 025338

Cada lição deste livro o levará mais perto das metas que você traçou para sua vida: Como dominar as 10 causas mais comuns do fracasso. Como utilizar melhor as suas qualidades. Como encontrar coragem para correr riscos. Como deixar de adiar as decisões. Como construir as suas reservas financeiras. Como se comportar como um vencedor. Como ser dono de sua vida. Tudo isso e muito mais em 50 memoráveis lições das maiores autoridades do sucesso que fazem de UNIVERSIDADE DO SUCESSO um verdadeiro e eficiente curso superior que levará você, lição após lição, ao mundo do sucesso sem limites e ensinará as regras do importante jogo de obter o sucesso, o jogo da vida!

O reitor desta Universidade é Og Mandino e ele faz um convite irrecusável a você — leia este livro e comece uma nova era em sua vida! E ele lembra o caso de indivíduos que modificaram suas vidas e até o curso da História a partir da leitura de um único livro. Talvez seu nome seja o próximo da lista. Mas depende unicamente de você, pois ninguém pode viver sua vida em seu lugar, ninguém pode conseguir o sucesso por você! E este é o livro máximo sobre o sucesso. Agora é a sua vez.

O MAIOR SUCESSO DO MUNDO
160 págs. — Ref.: 019828

A história aconteceu em Jericó, à época de Cristo, e seu personagem principal é Zaqueu. Órfão desde os cinco anos, as crianças zombavam de seu corpo deformado. Ainda assim, Zaqueu tornou-se um homem mais rico que o próprio rei. Você vai conhecer a história de Zaqueu e ele próprio ensinará que é possível transformar dias de desespero, insegurança e infelicidade em uma vida repleta de alegria, paz e riqueza.

Através dos ensinamentos revelados pelos Dez Mandamentos do Sucesso, você vai aprender como tornar-se qualquer tipo admirável de ser humano que você deseja ser — porque você *pode*! Seu único compromisso — ensina Zaqueu — é ser fiel a si mesmo. Então faça o possível, mas naquilo que souber fazer melhor. Em seu íntimo, você saberá que é o maior sucesso do mundo.

SUCESSO SEM LIMITES
208 págs. — Ref · 017418

Sucesso é uma das palavras de mais difícil definição. Para alguns pode significar fama e poder pessoal; para outros, a fortuna; para muitos, um lar feliz, repleto de amor. Seja qual for sua definição este livro vai ajudá-lo a alcançar o sucesso que deseja. Og Mandino reuniu uma seleção de depoimentos autênticos de homens famosos sobre suas carreiras, como conseguiram obter o sucesso. Transformou este livro num verdadeiro manual prático, não do que as pessoas acham que você deve fazer para ser um sucesso, mas do que elas próprias viveram!

As experiências relatadas em SUCESSO SEM LIMITES vão ensiná-lo a desenvolver muito mais do que imagina o potencial interior que existe em você, vão ajudá-lo a vencer o medo e a dominar o vício da preocupação, ou ainda ensinar o que você deve fazer para atrair o amor e a amizade ou triunfar sobre a doença e a tragédia.

Este livro é uma chave extremamente útil para a sua vitória, e irá indicar como você pode transformar-se na pessoa que sempre quis ser, garante Og Mandino.

A ESCOLHA CERTA
208 págs. — Ref.: 025593

Og Mandino escreveu mais uma história emocionante que é uma surpreendente mensagem de esperança e amor. Ele fala de um escritor e sua trajetória para o sucesso com a publicação do livro *Como Viver Melhor*. Fala ainda de estranhos bilhetes do "Paraíso" que o autor começou a receber, e nos quais você descobrirá um grande segredo...

Com este livro comovente, Og Mandino ensina mais uma vez que há uma forma de viver melhor, e que a escolha certa é fundamental. Ele afirma que temos opções. Não precisamos passar nossa vida nos resignando com o fracasso, a pobreza, a vergonha, a aflição e a autopiedade. Se tantas pessoas concordam em viver assim, é porque nunca exerceram suas opções pelas melhores coisas da vida da maneira certa, ou nunca tiveram a consciência de que podem escolher um mundo melhor para si próprias e para os que amam.

SUCESSO: A MAIOR MISSÃO
176 págs. — Ref.: 030809

Nesta história inspiradora o jovem oficial Luke Gardner sobrevoa os sombrios e perigosos céus da Alemanha Nazista, onde a cada instante pode ser abatido. O acaso, no entanto, promove um encontro com a viúva idosa Winnie Marlow e, a partir daquele momento, sua vida toma outro significado, passando a receber uma estranha ajuda dos "amigos lá de cima".

Um livro que vai transmitir fé e esperança a você ou a qualquer pessoa que você ame e que esteja em momento de desespero e aflição, como esta sensação do aviador pilotando sobre um campo de guerra. A estranha viúva concede ao jovem oficial as sementes do sucesso e uma promessa: todos que a lerem e a colocarem realmente em ação tornar-se-ão milionários e poderosos. Uma promessa de vida, oferecida a você também, leitor.

Este livro foi composto na tipografia
Times New Roman, em corpo 13/15, e impresso em
papel off-set no Sistema Digital Instant Duplex
da Divisão Gráfica da Distribuidora Record.